汽车底盘实训指导书

主 编 王 辉 巩航军 胡明胜

副主编 翟莉娟 李佳侣 金 冰 彭 斌

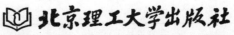

北京理工大学出版社

BEIJING INSTITUTE OF TECHNOLOGY PRESS

内 容 简 介

本书根据职业学校的教学实际，以汽车底盘维修常见案例作为实训依据；又根据实际教学需求，有针对性地设置实训教学任务，以增强学生的实际动手能力。每个项目均在实车上完成，贴近实践，增强学生对修理过程的真实感受。本书根据教材相应地设计了 9 个项目，供不同学校根据自身条件有选择性地完成。全书始终贯穿"7S"管理模式，以使学生具有良好的职业素养，为学生就业打好扎实的基础。

全书讲解清晰、简练，配有大量的图片，明了直观。本书适合作为职业院校汽车专业教材，也可作为汽车售后服务站专业技术人员的培训教材。

图书在版编目（CIP）数据

汽车底盘实训指导书 / 王辉，巩航军，胡明胜主编 . —北京：北京理工大学出版社，2021.12 重印

ISBN 978-7-5682-4959-1

Ⅰ . ①汽… Ⅱ . ①王… ②巩… ③胡… Ⅲ . ①汽车—底盘—检修—职业教育—教学参考资料 Ⅳ . ① U472.41

中国版本图书馆 CIP 数据核字（2017）第 274011 号

出版发行 / 北京理工大学出版社有限责任公司

社　　址 / 北京市海淀区中关村南大街 5 号

邮　　编 / 100081

电　　话 /（010）68914775（总编室）

　　　　　（010）82562903（教材售后服务热线）

　　　　　（010）68944723（其他图书服务热线）

网　　址 / http : //www.bitpress.com.cn

经　　销 / 全国各地新华书店

印　　刷 / 定州市新华印刷有限公司

开　　本 / 787 毫米 × 1092 毫米　1/16

印　　张 / 8.75

字　　数 / 192 千字

版　　次 / 2021 年 12 月第 1 版第 3 次印刷

定　　价 / 28.00 元

责任编辑 / 杜春英

文案编辑 / 党选丽

责任校对 / 周瑞红

责任印制 / 边心超

图书出现印装质量问题，请拨打售后服务热线，本社负责调换

前言 *PREFACE*

截至 2016 年年底，我国汽车保有量已经突破了 1.94 亿辆。随着汽车电子技术的不断发展，车辆上电控系统的数量不断增多，而且功能也越来越复杂。特别是建立在先进传感技术基础上的故障诊断系统在各种汽车上大量应用之后，各种现代化检测诊断仪器和维修技术也应运而生，现代汽车已发展成机电一体化的高科技载体。这给汽车维修业带来了极大的机遇和挑战，同时也对汽车维修人员的技术水平提出了更高、更新的要求。

同时，为了解决学生学不懂、学习兴趣不浓，教材内容枯燥乏味，老师不好教等问题，北京理工大学出版社特邀请一批知名行业专家、学者以及一线骨干老师结合新的专业教学标准，规划出版了该套图解版汽车职业教育系列教材。

本系列教材坚持如下定位：

◎以就业为导向，培养学生的实际运用能力，以达到学以致用的目的；

◎以科学性、实用性、通用性为原则，以使教材符合职业教育汽车类课程体系设置；

◎以提高学生综合素质为基础，充分考虑对学生个人能力的提高；

◎以内容为核心，注重形式的灵活性，以便于学生接受。

本系列坚持理论知识图解化的基本理念，教材配有大量的插图、表格和立体化教学资源，介绍了大量的故障诊断、维修服务和营销案例。

◎在内容上强调面向应用、任务驱动、精选案例、严控质量；

◎在风格上力求文字简练、脉络清晰、图表明快、版式新颖；

◎在理论阐述上，遵循"必需""够用"的原则，在保证知识体系相对完整的同时，做到知识讲解实用、简洁和生动。

汽车底盘构造与拆装是汽车类专业的一门技术基础课和专业课相结合的综合性专业主干核心课程之一。对学生职业能力培养和促进学生职业素养养成起着重要作用，为实现高技能人才培养目标起支撑作用。

本书根据职业学校的教学实际，以汽车底盘维修常见案例作为实训依据；又根据实际教学需求，有针对性地设置实训教学任务，以增强学生的实际动手能力。每个项目均在实车上完成，贴近实践，增强学生对修理过程的真实感受。本书根据教材相应地设计了9个项目，供不同学校根据自身条件有选择性地完成。全书始终贯穿"7S"管理模式，以使学生具有良好的职业素养，为学生就业打好扎实的基础。

本书图文并茂、通俗易懂，适合作为职业院校汽车专业教材，也可作为汽车售后服务专业技术人员的培训教材。

由于作者水平有限，书中可能会有疏漏和不妥之处，欢迎读者批评指正。

编　者

目 录

项目一 传动桥的拆装检查与调整

一、实训目的

（1）掌握手动传动桥的检修方法。

（2）掌握手动传动桥的结构及工作原理。

（3）掌握手动传动桥故障对整个系统的影响。

二、实训前准备

（1）丰田卡罗拉轿车1辆。

（2）前驱式变速器和后驱式变速器总成实训台3台。

（3）常用工具、游标卡尺、内径规、百分表及支架3套。

（4）相关挂图或图册若干。

三、老师讲解示范

（1）拆卸。

（2）检查。

（3）安装。

四、实训管理

（1）学生分组：每组4~5人。先让学生自己分组，选出1名组长，记录组长和成员名字，然后视情况进行适当的调整，如表1-1所示。

表1-1 学生分组表

第一组	第二组	第三组	第四组
组长：	组长：	组长：	组长：
成员：	成员：	成员：	成员：

（2）组长工作：协调成员，规范学生操作并收集遇到的问题，如表1-2所示。

表1-2　学生规范操作表

第___组			
姓名：	姓名：	姓名：	姓名：
是否串岗（　　）	是否串岗（　　）	是否串岗（　　）	是否串岗（　　）
是否完成项目（　　）	是否完成项目（　　）	是否完成项目（　　）	是否完成项目（　　）
评价：优、良、差	评价：优、良、差	评价：优、良、差	评价：优、良、差

（3）老师指导：操作现场安全检查，并提醒学生注意安全，规范学生操作及解决并收集遇到的问题。老师指导班长协助管理，如表1-3所示。

表1-3　老师指导班长协助管理表

班长：

第一组组长	第二组组长	第三组组长	第四组组长
是否串岗（　　）	是否串岗（　　）	是否串岗（　　）	是否串岗（　　）
是否协调成员（　　）	是否协调成员（　　）	是否协调成员（　　）	是否协调成员（　　）
评价：优、良、差	评价：优、良、差	评价：优、良、差	评价：优、良、差

五、实训操作

1. 手动传动桥故障原因分析

使用表1-4可帮助诊断故障原因，它以递减的顺序表示故障的可能性，按顺序检查每个可疑部位，必要时维修或更换故障部件。

注意

如有可能，进行诊断不需要路试，注意导致故障的异常情况。如果需要检测和拆解，应根据手动传动桥中齿轮的配置情况来确定需要特别注意的部件。

表 1–4　故障原因诊断

故障现象	故障原因	故障现象	故障原因
异响	油位低	漏油	接合套（输入轴）磨损或损坏
	离合器分离轴承磨损或损坏		控制拉索故障
	离合器盘磨损或损坏		换挡拨叉磨损
	同步器锁球（输入轴）磨损或损坏		同步器锁环（输入轴）磨损或损坏
	同步器锁环（输出轴）磨损或损坏		同步器锁环（输出轴）磨损或损坏
	齿轮（输入轴）磨损或损坏		换挡键弹簧（输入轴）磨损或损坏
	齿轮（输出轴）磨损或损坏		换挡键弹簧（输出轴）磨损或损坏
	轴承（输入轴）磨损或损坏	换挡困难或不能换挡	齿轮（输入轴）磨损或损坏
	轴承（输出轴）磨损或损坏		齿轮（输出轴）磨损或损坏
	轴承（差速器壳）磨损或损坏		接合套（输入轴）磨损或损坏
漏油	油位高		接合套（输出轴）磨损或损坏
	衬垫损坏	跳挡或变速杆移动过度	换挡拨叉磨损
	油封磨损或损坏		接合套（输出轴）磨损或损坏
	离合器拖滑		齿轮（输入轴）磨损或损坏
	换挡和变速杆总成磨损或损坏		齿轮（输出轴）磨损或损坏
	变速器支架胶反垫破损		轴承（输入轴）磨损或损坏
			轴承（输出轴）磨损或损坏

注 意

　　如果离合器扭转弹簧磨损，在离合器接合或分离时将发生异响。

2. 检查传动桥油位

按下列步骤检查手动传动桥：

（1）将车辆停放在平坦路面上。

（2）拆下变速器注油螺塞和衬垫。

（3）检查并确认油面在变速器注油螺塞开口最低点以下

5 mm 范围内，如图 1–1 所示。

（4）油位低时，检查机油是否泄漏。

（5）安装变速器注油螺塞和新衬垫。

拧紧力矩：39 N·m。

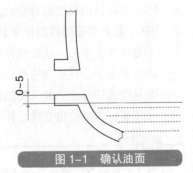

图 1–1　确认油面

注 意

　　（1）油液过多或过少都可能引起故障。

　　（2）更换机油后，驾驶车辆并再次检查油位。

3. 手动传动桥油的更换

1）排净手动传动桥油

（1）拆下注油螺塞和衬垫。

（2）拆下放油螺塞和衬垫，排净手动传动桥油。

2）添加手动传动桥油

（1）安装新衬垫和放油螺塞。

拧紧力矩：39 N·m。

（2）添加手动传动桥油。

（3）安装变速器注油螺塞和新衬垫。

拧紧力矩：39 N·m。

3）检查手动传动桥油位

用手指检查油位，将手指插入塞孔，并且检查油与手指接触的位置，可参见图1-1。

注｜意

如果检查到油位低于规定要求，则应从加油塞处添加油液。

---

4. 变速杆总成的拆卸

（1）拆卸仪表板左下装饰板。

（2）拆卸仪表板右下装饰板。

（3）拆卸变速杆把手分总成。

（4）拆卸中央仪表组装饰板总成。

（5）拆卸仪表盒总成。

（6）拆卸前地板控制台嵌入件。

（7）拆卸地板控制台上面板分总成。

（8）拆卸地板控制台毡垫。

（9）拆卸后地板控制台总成。

（10）断开变速器控制拉索总成。

①分离3个卡夹，从变速杆总成上断开线束。

②拆下卡子，并从变速杆总成上断开选挡控制拉索。

③从变速杆总成上断开换挡控制拉索，如图1-2所示。

④用螺钉旋具拉出变速器控制拉索挡块。

图1-2　断开换挡控制拉索

注｜意

（1）不要拆下挡块，如果挡块已拆下，将其重新安装到原位。

（2）不要过度旋转螺母，以免其从内部弹簧上脱落，变速器控制拉索不可重复使用。

---

⑤逆时针旋转螺母约180°并保持在此位置，从变速杆固定架上断开变速器拉索。

（11）拆卸变速杆总成，拆下4个螺栓和变速杆总成。

5.　变速杆总成的安装

（1）安装变速器控制拉索。

①逆时针转动变速器控制拉索螺母约180°并保持在此位置，压入挡块直至发出两次"咔嗒"声，如图1-3所示。

②将变速器控制拉索的外部安装至变速杆固定架，如图1-4所示。

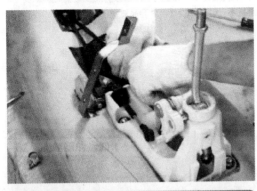

图1-3　压入挡块

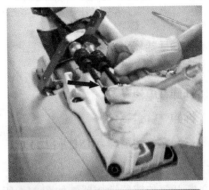

图1-4　安装拉索外部

注　意

如果不能压入挡块，稍微顺时针转动螺母，然后压入挡块。

③将换挡控制拉索安装至变速杆总成。

④将选挡控制拉索安装至变速杆总成。

⑤将卡子安装至变速杆总成。

⑥用3个卡夹将线束安装至变速杆总成。

（2）调节变速器选挡控制拉索。

（3）安装后地板控制台总成。

（4）安装地板控制台毡垫。

（5）安装地板控制台上面板分总成。

（6）安装前1号地板控制台嵌入件。

（7）安装前2号地板控制台嵌入件。

（8）安装仪表盒总成。

（9）安装中央仪表组装饰板总成。

（10）安装变速杆把手分总成。

（11）安装仪表板右下装饰板。

（12）安装仪表板左下装饰板。

6.　变速器控制拉索的拆卸

变速器控制拉索零部件如图1-5所示。

（1）从蓄电池负极端子断开电缆。

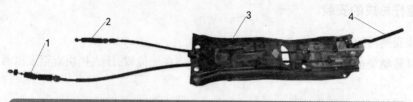

图1-5 变速器控制拉索零部件

1—换挡控制拉索；2—选挡控制拉索；3—底座；4—换挡操纵手柄

（2）拆卸散热器上空气导流板。

（3）拆卸蓄电池。

（4）拆卸蓄电池托盘。

（5）拆卸气缸盖罩。

（6）拆卸空气滤清器盖分总成。

（7）拆卸空气滤清器壳。

（8）断开氧传感器插接器，如图1-6所示。

（9）拆卸前排气管总成。

（10）拆卸前地板1号隔热垫。

（11）拆卸仪表板左下装饰板。

（12）拆卸仪表板右下装饰板。

（13）拆卸变速杆把手分总成。

（14）拆卸中央仪表组装饰板总成。

（15）拆卸仪表盒总成。

（16）拆卸前地板控制台嵌入件。

（17）拆卸地板控制台上面板分总成。

（18）拆卸后地板控制台总成。

（19）拆卸变速器控制拉索总成。

图1-6 断开氧传感器插接器

①从变速杆总成上断开换挡控制拉索，参见图1-2。

②拆下卡子，并从变速杆总成上断开选挡控制拉索。

③用螺钉旋具拉出变速器控制拉索挡块。

注 意

不要拆下挡块，如果挡块已拆下，将其重新安装至原位。

不要过度旋转螺母，以免其从内部弹簧上脱落，变速器控制拉索不可重复使用。

④逆时针旋转螺母约180°并保持在此位置，从变速杆固定架上断开变速器控制拉索。

⑤拆下两个卡子，并从传动桥上断开两个变速器控制拉索。

⑥拆下两个卡子，并从控制拉索支架上断开两个变速器控制拉索。

⑦拆下两个螺母、螺栓和变速器控制拉索总成。

7．变速器控制拉索的安装

（1）安装变速器控制拉索总成。

①用两个螺母和螺栓安装变速器控制拉索总成。

拧紧力矩：5.0 N·m。

②用两个新卡子将两个变速器控制拉索安装至控制拉索支架。

③用两个卡子将两个变速器控制拉索安装至传动桥。

④逆时针转动变速器控制拉索螺母约180°并保持在此位置，压入挡块直至发出两次"咔嗒"声。

⑤将变速器控制拉索的外部安装至变速杆固定架。

注　意

　如果不能压入挡块，稍微顺时针转动螺母，然后压入挡块。

⑥将换挡控制拉索安装至变速杆总成。

⑦将选挡控制拉索安装至变速杆总成。

⑧将卡子安装至变速杆总成。

（2）调节变速器选挡控制拉索。

（3）安装后地板控制总成。

（4）安装地板控制台毡垫。

（5）安装地板控制台上面板分总成。

（6）安装前地板控制台嵌入件。

（7）安装仪表盒总成。

（8）安装中央仪表组装饰板总成。

（9）安装变速杆把手分总成。

（10）安装仪表板右下装饰板。

（11）安装仪表板左下装饰板。

（12）安装前地板1号隔热垫。

用3个螺母安装前地板1号隔热垫。

拧紧力矩：5.0 N·m。

（13）安装前排气管总成。

（14）连接氧传感器插接器。

（15）安装空气滤清器壳。

（16）安装空气滤清器盖分总成。

（17）安装2号气缸盖罩。

（18）安装蓄电池托盘。

（19）安装蓄电池。

（20）安装散热器上空气导流板。

（21）检查废气是否泄漏。

8. 手动传动桥总成的拆装

（1）拆卸发动机后悬置支架 3 个紧固螺栓。

（2）拆卸发动机后悬置隔振垫。

（3）安装发动机吊架。

（4）拆卸飞轮壳侧盖。

（5）拆卸起动机总成。

（6）拆卸手动传动桥总成。

拆下 7 个螺栓和手动传动桥。

（7）拆卸线束卡夹支架。

拆下螺栓和线束卡夹支架。

（8）拆卸控制拉索支架。

拆下 2 个螺栓和控制拉索支架。

（9）拆卸发动机左侧支架。

拆下 3 个螺栓和发动机左侧支架。

（10）拆卸发动机前支架。

拆下 3 个螺栓和发动机前支架。

（11）拆卸发动机后支架。

拆下 3 个螺栓和发动机后支架。

9. 手动传动桥总成的安装

（1）安装发动机后支架。

用 3 个螺栓安装发动机后支架。

（2）安装发动机前支架。

用 3 个螺栓安装发动机前支架。

拧紧力矩：64 N·m。

（3）安装发动机左侧支架。

用 3 个螺栓安装发动机左侧支架。

拧紧力矩：64 N·m。

（4）用 2 个螺栓安装控制拉索支架。

拧紧力矩：25 N·m。

（5）用螺栓安装线束卡夹支架。

（6）安装手动传动桥总成。

①使输入轴和离合器盘对齐，将手动传动桥安装至发动机。

②安装 7 个螺栓。

拧紧力矩：33 N·m。

10. 变速器的拆卸

（1）拆下车速里程表驱动机构从动齿轮。

（2）拆下变速器盖，如图 1-7 所示。

（3）拆下第二轴端部螺母、止动垫片、五挡同步器及拨叉、五挡从动齿轮、滚针轴承及其垫圈，如图 1-8 所示。

图 1-7　拆卸变速器（一）

图 1-8　拆卸变速器（二）

（4）拆下五挡主动齿轮的轴向定位卡环、挡圈，用手拉出第一轴上五挡主动齿轮，如图 1-9 所示。

（5）拆下第一轴、第二轴末端轴承外圈止动板螺栓及其止动板，如图 1-10 所示。

图 1-9　拆卸变速器（三）

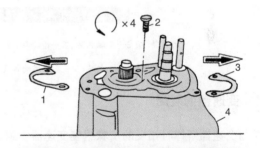

图 1-10　拆卸变速器（四）

1—轴承止动板；2—止动板固定螺钉；
3—轴承外圈止动板；4—变速器壳体

（6）拆下变速器壳体紧固螺栓及其壳体，如图 1-11 所示。

（7）拆下倒挡齿轮轴上限位套、倒挡轴及倒挡滑动齿轮（惰轮），如图 1-12 所示。

图 1-11　拆卸变速器（五）

图 1-12　拆卸变速器（六）

（8）拆下变速器内部的换挡机构：各挡位换挡轴、变速叉、杆轴总成，如图 1-13 所示。

（9）拆下变速器第二轴总成。

（10）拆下组合式轴承座的固定螺栓，取下组合式轴承座，如图 1-14 所示。

（11）拆下差速器总成，其分解如图1-15所示。

图1-13 拆卸变速器（七）

图1-14 拆卸变速器（八）

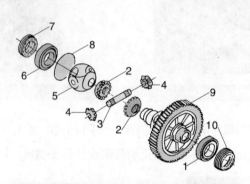

图1-15 差速器总成分解

1—滚动轴承；2—半轴齿轮；3—齿轮轴；4—行星齿轮；5—摩擦壳；6—滚动轴承；

7—右油封；8—卡环；9—差速器壳体（主减速器从动齿轮）；10—左油封

11. 变速器的装配

按与变速器解体时相反的步骤组装变速器。组装时应注意下列事项：

（1）变速器组装前应检查各零部件是否合乎规定要求，若有损坏应及时维修或更换。

（2）更换全部密封件及锁紧垫片。

（3）更换变速器零件时，应注意部分零件更改前后的互换性，如差速器壳体、车速里程表等更改前后不能通用。

（4）在组装之前，应将所有零件彻底清洗，并用压缩空气吹净待装。

（5）各部轴承及键槽、叉轴、齿轮安装时应涂以齿轮油。

（6）对有些零部件应注意其相关位置及安装方向。

（7）安装时必须保证内部换挡机构的正确位置，其各挡位拨叉的位置关系如图1-16所示，其换挡轴臂与拨爪的相对装配关系如图1-17所示。

（8）在组装过程中，应按照零件相互配合和技术标准进行装配，严禁用手锤在零件表面直接敲击，以防损坏零件。

（9）变速器壳体接合面组装时应涂薄层密封胶，以防漏油。

（10）按规定的力矩要求拧紧各连接螺栓、螺母。

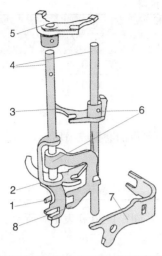

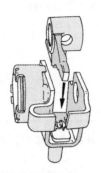

图 1-16　变速器各挡位拨叉的位置关系	图 1-17　换挡轴臂与拨爪的相对装配关系

1，8—推动杆；2——挡/二挡拨叉；3—三挡/四挡拨
叉；4—拨叉轴；5—五挡拨叉；
6—弹性销；7—倒挡拨叉

1）轴的重新装配

对使用过的零件进行清洗、检查，将所有需要更换的零件准备好，就可以进行主轴的装配。

（1）输入轴总成的检查。

①检查各挡齿轮滚针槽是否过度磨损、滚针是否卡死、滚针架有无变形等。检查方法如图1-18所示。

图 1-18　各挡齿轮滚针轴承的检查

1—滚针；2—滚针槽；3—滚针架

②检查各齿轮的磨损或损坏，分别如图1-19和表1-5所示。

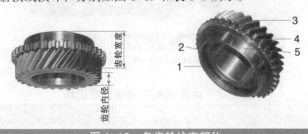

图 1-19　各齿轮检查部位

1—齿轮两端面；2—齿轮内孔表面；3—齿轮；4—与齿套接合的部位；5—锥面

表1-5　检查齿轮的磨损或损坏　　　　　　　　　　　　　　　mm

部位	规范值		极限值	
	齿轮内径	齿轮宽度	齿轮内径	齿轮宽度
三挡齿轮（输入）	37.000 ~ 37.025	27.300 ~ 27.370	37.050	27.200
四挡齿轮（输入）	37.000 ~ 37.025	27.250 ~ 27.300	37.050	27.150
齿轮内孔表面	目测这些部位是否有严重的磨损或损坏			
齿轮部分				
锥面				
齿轮两端面				
与齿套接合的部位	检查此处是否间隙过大、损坏或棱角变圆			

③检查三挡和四挡同步器齿毂和齿套的磨损或损坏，分别如图1-20和表1-6所示。

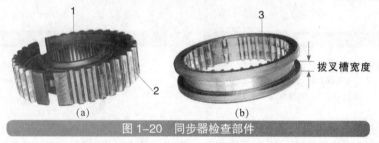

图1-20　同步器检查部件

1—花键；2—滑块的滑槽；3—与齿轮接合的部位

表1-6　三挡和四挡同步器齿毂和齿套的磨损情况

部位	规范值	极限值
花键部位	目测这些部位是否有严重的磨损或损坏	
同步器滑块的滑槽		
齿毂与齿套	把齿毂装配到齿套里，检查齿毂在上、下方向是否过松及齿毂、齿套是否歪斜	
拨叉槽宽度	7.005 ~ 7.012	7.300
与齿轮接合的部位	目测此部位是否有严重的磨损、损坏、伤痕或棱角变圆	

④检查输入轴的磨损或损坏，分别如图1-21和表1-7所示。

图1-21　输入轴检查部位

1—齿轮；2—花键齿；3—与衬套配合的轴径

表1-7　检查输入轴的磨损或损坏　　　　　　　　　　　　　mm

部位	规范值	极限值
与衬套配合的轴径	25.012 ~ 25.017	24.990
齿轮和花键齿表面	目测这些表面是否有严重的磨损、损坏、伤痕或棱角变圆	

⑤检查同步器滑块和同步器弹簧的磨损或损坏，分别如图 1-22 和表 1-8 所示。

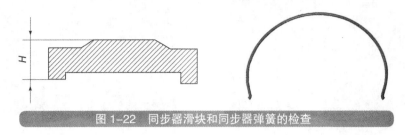

图 1-22　同步器滑块和同步器弹簧的检查

表 1-8　检查同步器滑块和同步器弹簧的磨损或损坏　　　　　　　　mm

部位	规范值	极限值
四挡齿轮同步器滑块高度（H）	4.600 ~ 4.800	4.300
同步器弹簧	目测弹簧是否损坏或扭曲变形	

⑥检查同步环的磨损或损坏，分别如图 1-23 和表 1-9 所示。

⑦检查轴承的磨损或损坏。

图 1-23　同步环的检查

1—花键；2—内锥面

表 1-9　检查同步环的磨损或损坏　　　　　　　　mm

部位	规范值	极限值
同步环压到三、四挡齿轮上时的间隙	0.850 ~ 1.450	0.500
花键部位	目测这些部位是否有严重的	
内锥面	损坏	

（2）输入轴总成的装配。

①清洗所有部件，并确认零件没有损坏后，安装前轴承，并用锤轻敲到位，如图 1-24 所示。

②装配三挡滚针轴承、三挡齿轮总成，如图 1-25 所示。

图 1-24　输入轴总成的装配（一）

图 1-25　输入轴总成的装配（二）

③装配三挡同步器齿环、三挡和四挡同步器总成，应保证齿毂和齿套两者都能平顺地滑动，分别如图 1-26 和图 1-27 所示。

注意

　　按拆卸时所标记的方向安装，如图 1-28 所示。

图 1-26　输入轴总成的装配（三）

图 1-27　输入轴总成的装配（四）

④装配四挡同步器齿环、隔环，分别如图 1-29 和图 1-30 所示。

图 1-28　按拆卸时所标记的方向安装

图 1-29　输入轴总成的装配（五）

图 1-30　输入轴总成的装配（六）

⑤装配四挡齿轮滚针轴承和四挡齿轮总成，分别如图 1-31 和图 1-32 所示。

图 1-31　输入轴总成的装配（七）

图 1-32　输入轴总成的装配（八）

⑥装上隔环、四挡齿轮轴向端垫定位球、四挡齿轮轴向端垫和四挡齿轮轴向端垫挡圈，分别如图 1-33 和图 1-34 所示。

图 1-33　输入轴总成的装配（九）

图 1-34　输入轴总成的装配（十）

⑦装配隔环、五挡齿轮滚针轴承和五挡齿轮，如图1-35所示。

⑧装上五挡同步器齿环和五挡同步器总成，分别如图1-36和图1-37所示。

图1-35　输入轴总成的装配（十一）　　图1-36　输入轴总成的装配（十二）　　图1-37　输入轴总成的装配（十三）

⑨装上后轴承，并轻敲到位，如图1-38所示。

⑩总成装配后，测量输入轴各部的端隙值，若所测端隙不符合规定值，则需检查齿轮、衬套和齿毂的滑动部位，更换不合格零件后重新测量，如图1-39所示。

图1-38　输入轴总成的装配(十四)　　　　　图1-39　输入轴总成的装配（十五）

（3）输出轴总成的检查。

①检查二挡齿轮衬套的磨损或损坏，如图1-40所示。

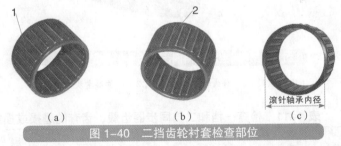

（a）　　　　　　　　　（b）　　　　　　　　　（c）

图1-40　二挡齿轮衬套检查部位

（a）检查滚针槽是否过度磨损；（b）检查滚针是否过度磨损；（c）检查滚针轴承内径是否变大

1—滚针槽；2—滚针

②检查各齿轮的磨损或损坏，分别如图1-41和表1-10所示。

③检查一挡和二挡同步器齿毂和齿套的磨损或损坏，分别如图1-42和表1-11所示。

图1-41　各齿轮检查部位

1—齿轮两端面；2—齿轮；3—花键锥面；4—与齿套接合的部位

表1-10　检查各齿轮的磨损或损坏　　　　　　　　　　　mm

部位	规范值		极限值	
	齿轮内径	齿轮宽度	齿轮内径	齿轮宽度
一挡齿轮（输入）	37.000 ~ 37.025	32.230 ~ 32.300	37.050	32.200
二挡齿轮（输入）	37.000 ~ 36.960	32.300 ~ 32.370	37.050	32.200
花键部位锥面	检查这些部位是否间隙过大、损坏或棱角变圆			
齿轮部位				
齿轮两端面				
与齿套接合的部位				

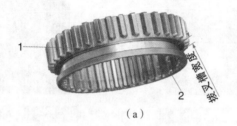

（a）

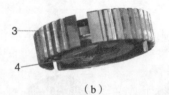

（b）

图1-42　一挡和二挡同步器齿毂、齿套的检查

1，4—齿轮；2—与齿轮接合的部位；3—同步器滑块的滑槽

表1-11　检查一挡和二挡同步器齿毂、齿套的磨损或损坏　　　mm

部位	规范值	极限值
齿轮	目测这些部位是否有严重的磨损或损坏	
同步器滑块的滑槽		
齿毂与齿套	把齿毂装配到齿套里，检查齿毂在上、下方向是否过松及齿毂、齿套是否歪斜	
拨叉槽宽度	7.050 ~ 7.120	7.300
与齿轮接合的部位	目测此部位是否有严重的磨损、损坏、伤痕或棱角变圆	

④检查输出轴的磨损或损坏，如图 1-43 和表 1-12 所示。

图 1-43　输出轴检查部位

1—与滚针轴承配合的外径 1；2—花键齿；3—与滚针轴承配合的外径 2；4—齿轮

表 1-12　检查输出轴的磨损或损坏　　　　　　　　　mm

部位		规范值	极限值
与滚针轴承配合的外径	1	29.979 ~ 30.000	29.960
	2	29.971 ~ 29.991	29.950
齿轮和花键齿表面		目测这些表面是否有严重的磨损、损坏、伤痕或棱角变圆	

⑤检查同步器滑块和同步器弹簧的磨损或损坏，分别如图 1-44 和表 1-13 所示。

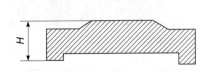 

图 1-44　同步器滑块和同步器弹簧的检查

表 1-13　检查同步器滑块和同步器弹簧的磨损或损坏　　　　mm

部位	规范值	极限值
一挡和二挡同步器滑块高度（H）	5.100 ± 0.100	4.700
同步器弹簧	目测弹簧是否损坏或扭曲变形	

⑥检查一、二挡齿轮和锥形弹垫的磨损或损坏，分别如图 1-45 和表 1-14 所示。

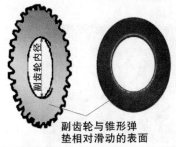

副齿轮内径

副齿轮与锥形弹垫相对滑动的表面

图 1-45　一、二挡齿轮和锥形弹垫的检查部位

表 1-14　检查一、二挡齿轮和锥形弹垫的磨损或损坏　　mm

部位	规范值	极限值
副齿轮内径	47.000~47.200	47.500
副齿轮与锥形弹垫相对滑动的表面	目测弹簧是否损坏或扭曲变形	

⑦检查同步环的磨损或损坏，分别如图 1-46 和表 1-15 所示。

图 1-46　同步环的检查

表 1-15　检查同步环的磨损或损坏　　　　　mm

部位	规范值	极限值
同步环压到齿轮上时的间隙	0.850 ～ 1.450	0.500
内锥面	目测这些部位是否	
花键部位	有严重的损坏	

（4）输出轴安装。清洗检测完毕后，在输出轴每个齿轮的旋转或滑动部位的整个表面上涂敷齿轮油。

①用液压千斤顶压入输出轴前轴承，如图 1-47 所示。

②装配一挡滚针轴承、一挡从动齿轮及一挡同步环，分别如图 1-48~ 图 1-50 所示。

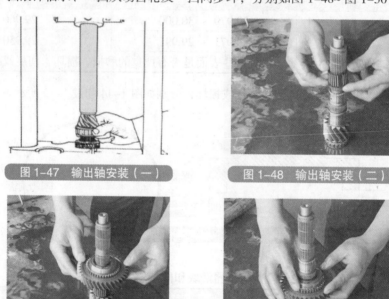

图 1-47　输出轴安装（一）　　　　　图 1-48　输出轴安装（二）

图 1-49　输出轴安装（三）　　　　　图 1-50　输出轴安装（四）

③装配一挡和二挡同步器总成，并将轴用弹性挡圈卡进轴槽内，装入二挡同步环，分别如图 1-51 和图 1-52 所示。

图 1-51　输出轴安装（五）　　　　　图 1-52　输出轴安装（六）

④装配隔环、二挡滚针轴承和二挡从动齿轮，分别如图 1-53 和图 1-54 所示。

图 1-53　输出轴安装（七）

图 1-54　输出轴安装（八）

⑤装配三挡从动齿轮及三挡从动齿轮轴向定位套，如图 1-55 所示。

⑥用专用工具压入四挡、五挡从动齿轮，并将新的五挡齿轮轴用弹性挡圈卡进轴槽内，分别如图 1-56 ~ 图 1-58 所示。

图 1-55　输出轴安装（九）

图 1-56　输出轴安装（十）

图 1-57　输出轴安装（十一）

图 1-58　输出轴安装（十二）

⑦用专用工具压入输出轴后轴承。总成装配后，测量输出轴各部位的端隙，如图 1-59 所示。

图 1-59　输出轴安装（十三）

2）差速器的分解、检查和重新装配

差速器需要部分或全部分解，从而更换轴承内座圈、齿圈或差速器齿轮，如图 1-60 所示。

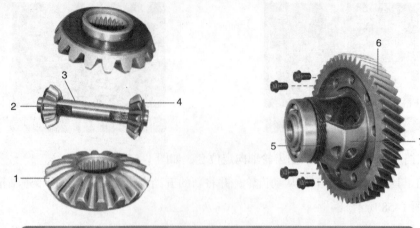

图 1-60　差速器总成

1—半轴齿轮；2—行星齿轮；3—行星齿轮轴；4—行星齿轮垫片；5—差速器主动轮；6—差速器齿圈；7—差速器壳

　　差速器间隙可以用三种方法来检查，选择哪一种取决于是否接近齿轮以及所给的规格说明，如图 1-61 所示。检查差速器间隙最快最简单的方法是，在半轴齿轮和壳体之间插入测隙规。有些差速器的这些区域是圆形的，这种情况下不能使用测隙规来检查。第二种方法是转动齿轮时在两个齿轮之间插入塑料测隙条测量被压的厚度。第三种方法是安装一个百分表，百分表的测头放在其中一个半轴齿轮的一个齿上，将另一个半轴齿轮固定住，向前向后转动第一个半轴齿轮将产生晃动，晃动量可从百分表指针看出。有的制造商给出了这种检查的规格为 0~23 mm。有的差速器间隙过大，可通过在差速器行星齿轮和半轴齿轮后面使用较大的止推垫圈来减小间隙。另外有些差速器不使用止推垫圈，则必须更换差速器。

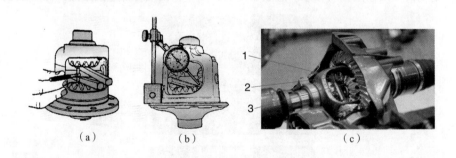

（a）　　　　　　（b）　　　　　　（c）

图 1-61　检查差速器间隙的方法

（a）通过测量半轴齿轮与壳体之间的间隙；（b）使用百分表测量半轴齿轮的侧隙；（c）使用塑料测隙条来检查

1—行星齿轮；2—塑料测隙条；3—半轴齿轮

（1）差速器的拆卸。

①拆卸主减速器齿轮连接螺母，如图 1-62 所示。

②拆下主减速器从动齿轮，如图 1-63 所示。

③使用冲棒，冲出弹性圆柱锁，如图 1-64 所示。

图 1-62　差速器的拆卸（一）　　图 1-63　差速器的拆卸（二）　　图 1-64　差速器的拆卸（三）

④拔出差速器行星齿轮轴，如图 1-65 所示。

⑤拆出行星齿轮轴后，拿出差速器行星齿轮、行星齿轮垫片、半轴齿轮和半轴齿轮垫片。检查表面是否有划痕和磨损，分别如图 1-66~ 图 1-69 所示。

图 1-65　差速器的拆卸（四）　　图 1-66　差速器的拆卸（五）　　图 1-67　差速器的拆卸（六）

图 1-68　差速器的拆卸（七）　　图 1-69　差速器的拆卸（八）

（2）差速器总成的检查。

①检查差速器齿圈。用目测方法检查齿表面有无磨损或损坏。

②检查半轴齿轮、行星齿轮和行星齿轮轴的磨损或损坏情况，分别如图1-70和表1-16所示。

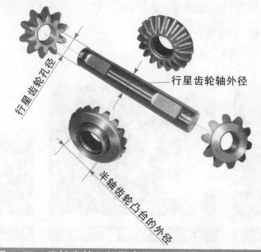

行星齿轮轴外径

行星齿轮孔径

半轴齿轮凸台的外径

图1-70　半轴齿轮、行星齿轮和行星齿轮轴的检查部位

表1-16　检查半轴齿轮、行星齿轮和行星齿轮轴的磨损或损坏　　　mm

部位	规范值	极限值
半轴齿轮凸台的外径	31.950 ~ 31.975	32.000
行星齿轮孔径	15.003 ~ 15.008	15.030
行星齿轮轴外径	15.032 ~ 15.050	14.970
检查半轴齿轮的齿表面和花键部分是否有磨损或损坏		

③检查差速器壳和止推垫片的磨损或损坏情况，如图1-71和表1-17所示。

与半轴齿轮配合的孔径

图1-71　差速器壳体检查部位

1—与半轴齿轮止推垫片接触部位；2—与行星齿轮轴接触部位

表1-17　检查差速器壳和止推垫片的磨损或损坏 mm

部位	规范值	极限值
止推垫片的厚度	0.800 ± 0.050	0.700
与半轴齿轮配合的孔径	32.009 ~ 32.031	32.080
与行星齿轮轴接触部位	目测有无过度磨损或损坏	
与半轴齿轮止推垫片接触部位		

（3）差速器总成的安装。

①按与分解相反的顺序安装。

②装配差速器半轴齿轮垫片和半轴齿轮，如图1-72所示。

③主减速器齿轮连接螺母按对角的顺序多次拧紧，分别如图1-73和图1-74所示。

图1-72　差速器总成的安装（一）

图 1-73 差速器总成的安装（二）

图 1-74 差速器总成的安装（三）

④安装差速器齿轮，如图 1-75 所示。

⑤安装完成后，检查差速器行星齿轮组之间的转动是否顺畅，如图 1-76 所示。

图 1-75 差速器总成的安装（四）

图 1-76 差速器总成的安装（五）

3）变速器总成的装配

变速器的装配步骤通常与分解步骤相反，最后从壳体上拆下来的通常第一个装配。由于各变速器或变速驱动桥总成差异相当大，建议查看有关说明和特定步骤。每个运动零件在安装前都要进行润滑。润滑脂、变速器润滑油或齿轮油是常用的润滑剂。

（1）典型变速器总成的装配步骤。

①将差速器总成放入壳体。

②将输入轴和主轴一起放入壳体中。

③安装拨叉和拨叉轴。

④安装倒挡惰轮、倒挡惰轮轴和拨叉，如图 1-77 所示。

⑤在壳体配合表面涂密封胶。

⑥安装壳体盖，以规定的力矩拧紧螺栓。

⑦安装外壳零件。

⑧检查空挡和所有挡位的工作情况。

安装倒挡情轮和倒挡情轮轴，使倒挡情轮轴上的标记（图示A）和前壳体上的凸台（图示B）对齐。

图 1-77 与标记对齐

注意

装配后，在空挡位置时，输入轴应转动平稳且容易转动，输出轴没有拖滞，每个齿轮在一定范围内也应转动平稳而没有过多拖滞，如图 1-78 所示。

图 1-78 装配后进行检查

在装配变速器或变速驱动桥之前应对圆锥滚子轴承预紧和对每根轴的端隙进行检查。可选配垫片置于每根轴一端的轴承处，并且垫片的厚度决定了预紧和端隙的量。当轴转动时，预紧将产生轻微的拖滞，预紧力的大小通常用扭力扳手来测量。端隙是轴自由纵向运动形成的，通常使用百分表或测隙规来测量。

（2）检查和调整变速器轴承间隙和预紧力的步骤。

①将轴及其轴承放在壳体中进行检查。如果换用了新的零件，则必须进行调整。使用的调整垫片过小，则会出现端隙。开始时，通常使用比原来使用过的垫片或最小的垫片大约小 0.25 mm 的垫片。

②安装轴承挡圈或壳体盖，以规定的力矩拧紧螺栓。拧紧螺栓固定轴承时，要将轴承转动几次。

③在轴的末端平行地安装带有测头的百分表，如图 1-79 所示。在自由行程内将轴上下摇动几下，同时在百分表上读出端隙或间隙量。

图 1-79 安装百分表

> **注 意**
>
> 检查端隙至少 3 次或直到读出固定值。

④将自由行程的大小与规定值进行比较。如果间隙明确并且行程在规定范围内，则不需要调整。如果间隙明确但行程超过规定值或低于规定值，则必须进行调整。

> **注 意**
>
> 如果间隙过大，垫片的尺寸通常需要增加。例如，行程为 0.25 mm，规定值为 0.025 ~ 0.076 mm，检查过程中选用比原来使用过的垫片大 0.2 mm 的垫片是正确的。特别小的行程也可以用同样的方法进行调整，只不过是使用较薄的垫片。

⑤如果需要更换垫片，拆下轴承挡圈、壳体盖和旧的垫片。测量垫片厚度，增加尺寸到最后一次测量厚度。选择和安装正确尺寸的垫片，更换轴承挡圈，拧紧螺栓，转动轴使轴承落座，感觉是否有端隙。在预紧轴上，应该没有任何端隙。

（3）变速器的试验。变速器进行磨合试验的目的主要有两个：一是改善各运动件配合副的工作表面状况；二是检查变速器的修理与装配质量。试验时将变速器装在专门的试验架上或与发动机热试验一道进行。其主动轴转速应在 1 000~1 500 r/min 内。试验的顺序是先在无负荷下进行各挡齿轮的磨合，其时间不少于 15 min，一切正常后再加负荷试验。变速器的试验应符合下列技术要求：

①连续运转 1 h 后，齿轮油的温升不得超过 50 ℃，换挡时齿轮的啮合、脱离均应轻便无阻滞。

②在任何挡位都不应有跳挡现象；在稳定转速下，各挡齿轮可有均匀的啮合噪声，但不允许有高低变化的敲击声；各部位不得漏油。

六、练习与思考

1. 检查同步器

（1）检查同步器齿毂的花键部位和接合套是否损坏或磨损，如图 1-80 所示把齿毂装配在齿套里，检查齿毂和齿套是否过松及齿毂、齿套是否歪斜。

齿毂和齿套是否过松_____；解决办法_____。

齿毂、齿套是否歪斜_____；解决办法_____。

（2）用厚薄规测量同步锁环齿端与相配合齿端的间隙，标准值为 0.8~1.2 mm，使用限度为 0.5 mm。当间隙达到或超过使用限度时，应更换新锁环，如图 1-81 所示。

测量值_____；是否与规定值相符合_____；如果不符合，解决的方法是_____。

图 1-80　检查花键毂和接合套

图 1-81　检查同步环的磨损

（3）用目视法检查同步器滑块及同步器弹簧的磨损情况，如图 1-82 所示。

同步器滑块的磨损情况_____。

同步器弹簧的磨损情况_____。

图 1-82　同步器的检查

（4）检查各轴弹性挡圈及卡环是否损坏变形，当损坏或变形严重时应予以更换。

（5）检查各锁球弹簧是否损坏，测量弹簧自由长度标准为 19.5 mm，使用限度为 17 mm。如果弹簧损坏或自由长度小于使用限度，应予以更换。

弹簧自由长度测量值为＿＿＿＿＿＿＿；是否更换＿＿＿＿＿＿＿。

（6）检查各换挡轴的磨损情况。锁球边缘磨损严重时应及时更换换挡叉轴，否则易引起变速器跳挡。

（7）检查各换挡拨叉是否损坏或磨损，拨叉损坏或叉脚磨损严重时应予以更换。

2. 思考题

（1）如何正确检查同步器？将检查的数据填入表 1-18 中。

表 1-18　同步器检查的数据记录

测量部位	测量值	标准值
同步器锁环压在各挡齿轮上时的间隙		
同步器拨叉槽深度		

（2）如果输入轴轴向间隙过大，会出现脱挡现象吗？

七、实训报告

（1）成员实训报告，如表 1-19 所示。

表 1-19　成员实训报告

姓名		班级		分组		日期	
实训项目							
实训内容							
自己评语							
老师评语							

（2）组长实训报告，如表1-20所示。

表 1-20　组长实训报告

姓名		班级		分组		日期	
实训项目							
实训内容							
第__组							
姓名：		姓名：		姓名：		姓名：	
是否串岗（　　）		是否串岗（　　）		是否串岗（　　）		是否串岗（　　）	
是否完成项目（　　）		是否完成项目（　　）		是否完成项目（　　）		是否完成项目（　　）	
评价：优、良、差		评价：优、良、差		评价：优、良、差		评价：优、良、差	
自己评语							
老师评语							

（3）班长实训报告，如表 1-21 所示。

表 1-21 班长实训报告

姓名		班级		分组		日期	
实训项目							
实训内容							
第一组组长		第二组组长		第三组组长		第四组组长	
是否串岗（ ）		是否串岗（ ）		是否串岗（ ）		是否串岗（ ）	
是否协调成员（ ）		是否协调成员（ ）		是否协调成员（ ）		是否协调成员（ ）	
评价：优、良、差		评价：优、良、差		评价：优、良、差		评价：优、良、差	
自己评语							
老师评语							

项目二 半轴与万向传动装置的检查与调整

 一、实训目的

（1）掌握半轴与万向传动装置的检修方法。

（2）掌握半轴与万向传动装置的结构及工作原理。

（3）掌握半轴与万向传动装置故障对整个系统的影响。

 二、实训前准备

（1）丰田卡罗拉轿车1辆。

（2）半轴与万向传动装置实训台3台。

（3）常用工具、碟形拉码、内/外卡簧钳、尖嘴钳、量具各3套。

（4）相关挂图或图册若干。

 三、老师讲解示范

（1）拆卸。

（2）检查。

（3）安装。

 四、实训管理

（1）学生分组：每组4~5人。先让学生自己分组，选出1名组长，记录组长和成员名字，然后视情况进行适当的调整，如表2-1所示。

表2-1　学生分组表

第一组	第二组	第三组	第四组
组长：	组长：	组长：	组长：
成员：	成员：	成员：	成员：

（2）组长工作：协调成员，规范学生操作并收集遇到的问题，如表2-2所示。

表2-2 学生规范操作表

第__组			
姓名：	姓名：	姓名：	姓名：
是否串岗（ ）	是否串岗（ ）	是否串岗（ ）	是否串岗（ ）
是否完成项目（ ）	是否完成项目（ ）	是否完成项目（ ）	是否完成项目（ ）
评价：优、良、差	评价：优、良、差	评价：优、良、差	评价：优、良、差

（3）老师指导：操作现场安全检查，并提醒学生注意安全，规范学生操作及解决并收集遇到的问题。老师指导班长协助管理，如表2-3所示。

表2-3 老师指导班长协助管理表

班长：

第一组组长	第二组组长	第三组组长	第四组组长
是否串岗（ ）	是否串岗（ ）	是否串岗（ ）	是否串岗（ ）
是否协调成员（ ）	是否协调成员（ ）	是否协调成员（ ）	是否协调成员（ ）
评价：优、良、差	评价：优、良、差	评价：优、良、差	评价：优、良、差

五、实训操作

下面以卡罗拉轿车半轴为例介绍实训操作。

1. 前桥半轴总成的拆卸

（1）拆卸前轮。

（2）拆卸发动机1号底罩。

（3）拆卸发动机后部右侧底罩。

（4）拆卸发动机后部左侧底罩。

（5）排净手动传动桥油。

（6）拆卸前桥轮毂螺母。

（7）分离前稳定杆连杆总成。

（8）分离前轮转速传感器。

（9）分离前挠性软管。

（10）分离左前盘式制动器制动钳总成。

（11）拆卸前制动盘。

（12）分离横拉杆接头分总成。

（13）分离前悬架下臂。

（14）拆卸前桥总成。

（15）使用专用工具拆卸前桥左半轴总成，如图 2-1 所示。

（16）用螺钉旋具和锤子拆卸前桥右半轴总成。

注 意

如果必须将车辆的质量压在轮毂轴承上，则首先要用专用工具支撑它，以防止损坏部件。

图 2-1　拆卸前桥左半轴总成

2. 前桥半轴总成的拆解

（1）拆卸前桥内侧万向节防尘罩 2 号卡夹。

用螺钉旋具松开防尘罩卡夹的锁紧部件并分离防尘罩卡夹，如图 2-2 所示。

（2）拆卸前桥内侧万向节防尘罩卡夹。

用螺钉旋具松开防尘罩卡夹的锁紧部件并分离防尘罩卡夹，如图 2-3 所示。

图 2-2　拆卸前桥防尘罩 2 号卡夹

图 2-3　拆卸前桥防尘罩卡夹

（3）分离前桥内侧万向节防尘罩，将内侧万向节防尘罩从内侧万向节密封垫上分离。

（4）拆卸前桥左半轴内侧万向节总成。

①清除内侧万向节上的所有旧润滑脂。

②在内侧万向节和外侧万向节轴上做好装配标记，如图 2-4 所示。

图 2-4　装配标记

注 意

（1）不要冲击标记。

（2）不要过度紧固台虎钳。

③将内侧万向节从外侧万向节轴上拆下。

④在台虎钳的两个铝板之间夹住外侧万向节轴。

⑤使用卡环扩张器，拆下轴卡环。

⑥在外侧万向节轴和三销架上设置装配标记。

⑦用铜棒和锤子从外侧万向节轴上敲出三销架。

（5）拆卸前桥右半轴内侧万向节总成。

（6）拆卸前桥内侧万向节密封垫。

将内侧万向节密封垫从内侧万向节上拆下，如图 2-5
所示。

（7）拆卸前桥内侧万向节防尘罩。

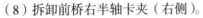
图 2-5　拆卸内侧万向节密封垫

拆下内侧万向节防尘罩、内侧万向节防尘罩 2 号卡夹
和内侧万向节防尘罩卡夹。

（8）拆卸前桥右半轴卡夹（右侧）。

如图 2-6 所示，用尖嘴钳拆下两个驱动轴减振器卡夹。

（9）拆卸前桥右半轴（右侧）。

将前桥半轴减振器从外侧万向节轴上拆下。

（10）拆卸前桥外侧万向节防尘罩 2 号卡夹（左侧）。

用螺钉旋具松开防尘罩卡夹的锁紧部件并拆下防尘罩 2 号卡夹。

（11）拆卸前桥外侧万向防尘罩卡夹（左侧）。

用螺钉旋具松开防尘罩卡夹的锁紧部件并拆下防尘罩卡夹。

（12）拆卸左前桥外侧万向节防尘罩（左侧）。

①从外侧万向节轴上拆下外侧万向节防尘罩。

②清除外侧万向节上的所有旧润滑脂。

（13）拆卸前桥左半轴孔卡环

用螺钉旋具拆下孔卡环。

（14）拆卸前桥右半轴孔卡环。

（15）拆卸前桥左半轴防尘罩。

使用专用工具和压力机，压出半轴防尘罩，如图 2-7 所示。

图 2-6　拆卸右半轴卡夹

图 2-7　拆卸半轴防尘罩

3.前桥半轴总成的检查

按下述步骤检查前桥半轴：

（1）检查并确定外侧万向节间隙没有过大。

（2）检查并确定内侧万向节在止推方向上滑动顺畅。

（3）检查并确定内侧万向节在径向上没有过大间隙。

（4）检查防尘罩是否损坏。

在检查过程中要保持驱动轴总成水平。

4. 重新装配

（1）安装前桥左半轴防尘罩。

使用专用工具和压力机，压进一个新的半轴防尘罩。

在安装防尘罩之前，请用塑料带缠绕驱动轴的花键，以防止防尘罩损坏。

（2）安装前桥右半轴防尘罩。

（3）安装前桥左半轴孔卡环。

安装一个新的孔卡环。

（4）安装前桥右半轴孔卡环。

（5）安装左前桥外侧万向节防尘罩（左侧）。

①用保护性胶带缠绕外侧万向节轴的花键。

②按以下顺序，将新零件安装到外侧万向节轴上：

● 2号外侧万向节防尘罩卡夹。

●外侧万向节防尘罩。

●外侧万向节防尘罩卡夹。

③用防尘罩维修组件中的润滑脂涂抹外侧万向节轴和防尘罩。

标准润滑脂容量：135~145 g。

④将外侧万向节防尘罩安装在外侧万向节轴槽上。

槽里不能有润滑脂。

（6）安装前桥外侧万向节防尘罩2号卡夹（左侧）。

佩戴保护手套以防伤手。

①将防尘罩卡夹安装到外侧万向节防尘罩上，并暂时折起锁杆，如图2-8所示。

①将锁杆正确地安装至导槽，将卡夹安装至车辆内侧尽可能远处。

②折回锁杆前，检查并确认箍带和杆没有变形。

②将外侧万向节压向工作台，同时把身体质量倚靠到手上并向前转动外侧万向节，转动外侧万向节并折叠杆直至听到"咔嗒"声。

> **注 意**
>
> 确保外侧万向节与工作面直接接触。

③调整锁杆和槽之间的间隙以使锁扣边缘和杆端之间的间隙均匀，同时用塑料锤敲击锁扣将其固定。

（7）安装前桥外侧万向节防尘罩卡夹（左侧）。

图2-8　安装防尘罩卡夹

> **注 意**
>
> 佩戴保护手套以防伤手。

①将防尘罩卡夹安装到外侧万向节防尘罩上并暂时折起锁杆。

> **注 意**
>
> ①将锁杆正确地安装至导槽。
> ②将锁杆折回前，检查并确认箍带和杆没有变形。

②用水泵钳捏住防尘罩卡夹，暂时将其固定。

③调整锁杆和槽口之间的间隙以使锁扣边缘和杆端之间的间隙均匀，同时用塑料锤敲击锁扣将其固定。

> **注 意**
>
> 不要损坏外侧万向节防尘罩。

（8）安装前桥右半轴卡夹（右侧）。

①在台虎钳的两个铝板之间夹住前桥半轴。

②将卡夹安装至半轴防尘罩上。

> **注 意**
>
> 确保将卡夹安装到正确的位置。

③如图2-9所示，用尖嘴钳安装两个防尘罩卡夹。

（9）暂时安装前桥内侧万向节防尘罩。

①用塑料带缠绕外侧万向节轴的花键，以防止防尘罩损坏。

在安装防尘罩之前，请用塑料带缠绕驱动轴的花键，以防止防尘罩损坏。

图 2-9　安装驱动轴防尘罩卡夹

②按以下顺序将新零件安装到内侧万向节轴上：

● 内侧万向防尘罩卡夹。

● 内侧万向节防尘罩。

● 2 号内侧万向节防尘罩卡夹。

（10）安装前桥内侧万向节密封垫。

将一个新的内侧万向节密封垫安装到内侧万向节槽上。

注 意

将内侧万向节密封垫上的凸出部分牢固地安装至内侧万向节槽。

（11）安装前桥左半轴内侧万向节总成。

①使三销架轴向花键的斜面朝向外侧万向节。

②在拆卸之前，对准做好的装配标记，如图 2-10 所示。

③用铜棒和锤子把三销式万向节敲进驱动轴。

注 意

不要敲击滚子。

④用防尘罩维修组件中的润滑脂涂抹内侧万向节轴和防尘罩。

标准润滑脂容量：175~185 g。

⑤使用卡环扩张器，安装一个新的半轴卡环，如图 2-11 所示。

装配标记

图 2-10　装配标记

图 2-11　安装新的半轴卡环

⑥对准装配标记，将内侧万向节安装至外侧万向节轴上。

（12）安装前桥右半轴内侧万向节总成。

（13）安装前桥内侧万向节防尘罩。

将内侧万向节防尘罩安装至内侧万向节密封垫和外侧万向节轴的槽中。

> **注　意**
>
> 槽里不能有润滑脂。

（14）安装前桥内侧万向节防尘罩卡夹。

> **注　意**
>
> 佩戴保护手套以防伤手。

①将防尘罩卡夹安装到内侧万向节防尘罩上并暂时将锁杆折回。

②用水泵钳捏住防尘罩卡夹，暂时将其固定。

③调整锁杆和槽口之间的间隙，以使锁扣边缘和杆端之间的间隙均匀，同时用塑料锤敲击锁扣将其固定。

（15）安装前桥内侧万向节防尘罩 2 号卡夹。

①将防尘罩卡夹安装到内侧万向节防尘罩上。

②保持尺寸在规定长度内，同时将内侧万向节密封垫的凹陷部位拉出，使内侧万向节的内部暴露在大气压力下，尺寸的值如表 2-4 所示。

③如图 2-12 所示，将杠杆支点设置在任一 A 点处并暂时弯曲杠杆。

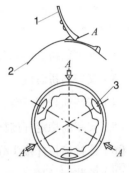

图 2-12　设置杠杆支点

1—防尘罩卡夹；2—内侧万向节密封垫；3—凹口部分

表 2-4　检查差速器壳和止推垫片　　mm（in）

发动机型号	左侧驱动轴（尺寸）	右侧驱动轴（尺寸）
1ZR-FE	587.6（23.134）	590.9（23.264）
2ZR-FE	867.6（34.157）	870.9（34.287）

> **注　意**
>
> ①佩戴保护手套以防伤手。
>
> ②执行该操作时，内侧万向节的内部必须保持在大气压力下。
>
> ③将锁杆正确地安装至导槽，并将卡夹尽可能靠近车辆内侧安装。
>
> ④将锁杆折回前，检查并确认箍带和杆没有变形。

④朝工作面压内侧万向节，同时把身体质量集中到手上并向前转动内侧万向节，转动内侧万向节并折起杆直至听到"咔嗒"声。

> **注　意**
>
> 确保内侧万向节与工作面直接接触。

⑤调整锁杆和槽口之间的间隙，以使锁扣边缘和杆端之间的间隙均匀，同时用塑料锤敲击锁扣将其固定。

（16）检查前桥半轴。

5. 半轴的安装

（1）安装前桥左半轴总成。

①在内侧万向节轴花键上涂齿轮油。

②对准轴花键，用铜棒和锤子敲进驱动轴。

（2）安装前桥右半轴总成。

（3）安装前桥总成。

（4）安装前悬架下臂。

（5）安装前稳定杆连杆总成。

（6）连接横拉杆接头分总成。

（7）安装制动盘。

（8）安装前盘式制动器制动钳总成。

（9）安装前挠性软管。

（10）安装前轮转速传感器。

（11）安装前桥轮毂螺母。

①用非残留性溶剂清洁驱动轴上带螺纹的零件和车桥轮毂螺母。

②使用套筒扳手（30 mm）安装新的车桥轮毂螺母。

拧紧力矩：216 N·m。

③用冲子和锤子紧固前桥轮毂螺母。

（12）加注手动传动桥油。

（13）检查手动传动桥油。

（14）检查自动传动桥油。

（15）安装前轮。

拧紧力矩：103 N·m。

（16）检查并调整前轮定位。

（17）检查转速传感器信号。

（18）安装发动机后部左侧底罩。

（19）安装发动机后部右侧底罩。

（20）安装发动机底罩。

 六、练习与思考

（1）如何正确检测半轴？

（2）在装配半轴内万向节时需要在里面涂抹润滑脂吗？为什么？

 七、实训报告

（1）成员实训报告，如表 2-5 所示。

表 2-5　成员实训报告表

姓名		班级		分组		日期	
实训项目							
实训内容							
自己评语							
老师评语							

（2）组长实训报告，如表 2-6 所示。

表 2-6　组长实训报告表

姓名		班级		分组		日期	
实训项目							
实训内容							
第＿组							
姓名：		姓名：		姓名：		姓名：	
是否串岗（　　）		是否串岗（　　）		是否串岗（　　）		是否串岗（　　）	
是否完成项目（　　）		是否完成项目（　　）		是否完成项目（　　）		是否完成项目（　　）	
评价：优、良、差		评价：优、良、差		评价：优、良、差		评价：优、良、差	
自己评语							
老师评语							

（3）班长实训报告，如表 2-7 所示。

表 2-7　班长实训报告表

姓名		班级		分组		日期	
实训项目							
实训内容							

第一组组长	第二组组长	第三组组长	第四组组长
是否串岗（　　）	是否串岗（　　）	是否串岗（　　）	是否串岗（　　）
是否协调成员（　　）	是否协调成员（　　）	是否协调成员（　　）	是否协调成员（　　）
评价：优、良、差	评价：优、良、差	评价：优、良、差	评价：优、良、差

自己评语	
老师评语	

项目三　主减速器差速器的拆装检查与调整

一、实训目的

（1）掌握主减速器差速器的检修方法。

（2）掌握主减速器差速器的结构及工作原理。

（3）掌握主减速器差速器故障对整个系统的影响。

二、实训前准备

（1）丰田卡罗拉轿车1辆。

（2）前驱和后驱式传动桥总成实训台3台。

（3）常用工具、量具，油封专用工具各3套。

（4）相关挂图或图册若干。

三、老师讲解示范

（1）拆卸。

（2）检查。

（3）安装。

四、实训管理

（1）学生分组：每组4~5人。先让学生自己分组，选出1名组长，记录组长和成员名字，然后视情况进行适当的调整，如表3-1所示。

表3-1　学生分组表

第一组	第二组	第三组	第四组
组长：	组长：	组长：	组长：
成员：	成员：	成员：	成员：

（2）组长工作：协调成员，规范学生操作并收集遇到的问题，如表3-2所示。

表3-2　学生规范操作表

第___组			
姓名：	姓名：	姓名：	姓名：
是否串岗（　　）	是否串岗（　　）	是否串岗（　　）	是否串岗（　　）
是否完成项目（　　）	是否完成项目（　　）	是否完成项目（　　）	是否完成项目（　　）
评价：优、良、差	评价：优、良、差	评价：优、良、差	评价：优、良、差

（3）老师指导：操作现场安全检查，并提醒学生注意安全，规范学生操作及解决并收集遇到的问题。老师指导班长协助管理，如表3-3所示。

表3-3　老师指导班长协助管理表

班长：

第一组组长	第二组组长	第三组组长	第四组组长
是否串岗（　　）	是否串岗（　　）	是否串岗（　　）	是否串岗（　　）
是否协调成员（　　）	是否协调成员（　　）	是否协调成员（　　）	是否协调成员（　　）
评价：优、良、差	评价：优、良、差	评价：优、良、差	评价：优、良、差

五、实训操作

下面以卡罗拉轿车为例介绍差速器油封的更换实训操作。

（1）拆卸发动机底罩。

（2）拆卸发动机后部左侧底罩。

（3）拆卸发动机后部右侧底罩。

（4）排净手动传动桥油。

（5）拆卸前桥半轴总成。

（6）拆卸差速器油封。

用专用工具拆下差速器油封，如图3-1所示。

（7）拆卸传动桥壳油封。

用专用工具拆下传动桥壳油封。

（8）安装差速器油封。

①在新油封唇口上涂抹通用润滑脂。

②用专用工具和锤子敲入油封。

标准深度：9.6~10.2 mm。

（9）安装传动桥壳油封。

①在新油封唇口上涂抹通用润滑脂。

②用专用工具和锤子敲入油封。

图 3-1 拆下差速器油封

标准深度：1.6~2.2 mm。

（10）安装前桥半轴总成。

（11）添加手动传动桥油。

（12）检查手动传动桥油。

（13）安装发动机后部右侧底罩。

（14）安装发动机后部左侧底罩。

（15）安装发动机底罩。

六、练习与思考

（1）如何正确检查主减速器差速器？

（2）怎样调整主减速器差速器？

七、实训报告

（1）成员实训报告，如表 3-4 所示。

表 3-4　成员实训报告

姓名		班级		分组		日期	
实训项目							
实训内容							
自己评语							
老师评语							

（2）组长实训报告，如表 3-5 所示。

表 3-5　组长实训报告

姓名		班级		分组		日期	
实训项目							
实训内容							
第__组							
姓名：		姓名：		姓名：		姓名：	
是否串岗（　　）		是否串岗（　　）		是否串岗（　　）		是否串岗（　　）	
是否完成项目（　　）		是否完成项目（　　）		是否完成项目（　　）		是否完成项目（　　）	
评价：优、良、差		评价：优、良、差		评价：优、良、差		评价：优、良、差	
自己评语							
老师评语							

（3）班长实训报告，如表3-6所示。

表3-6　班长实训报告

姓名		班级		分组		日期	
实训项目							
实训内容							
第一组组长		第二组组长		第三组组长		第四组组长	
是否串岗（　　）		是否串岗（　　）		是否串岗（　　）		是否串岗（　　）	
是否协调成员（　　）		是否协调成员（　　）		是否协调成员（　　）		是否协调成员（　　）	
评价：优、良、差		评价：优、良、差		评价：优、良、差		评价：优、良、差	
自己评语							
老师评语							

项目四 离合器的拆装检查与调整

 一、实训目的

（1）掌握离合器的检修方法。

（2）掌握离合器的结构及工作原理。

（3）掌握离合器故障对整个系统的影响。

 二、实训前准备

（1）丰田卡罗拉轿车1辆。

（2）离合器总成实训台（液压式）3台。

（3）常用工具、百分表及支架、游标卡尺、卷尺各3套。

（4）相关挂图或图册若干。

 三、老师讲解示范

（1）拆卸。

（2）检查。

（3）安装。

 四、实训管理

（1）学生分组：每组4~5人。先让学生自己分组，选出1名组长，记录组长和成员名字，然后视情况进行适当的调整，如表4-1所示。

表4-1 学生分组表

第一组	第二组	第三组	第四组
组长：	组长：	组长：	组长：
成员：	成员：	成员：	成员：

（2）组长工作：协调成员，规范学生操作并收集遇到的问题，如表4-2所示。

表4-2　学生规范操作表

第＿组			
姓名：	姓名：	姓名：	姓名：
是否串岗（　　）	是否串岗（　　）	是否串岗（　　）	是否串岗（　　）
是否完成项目（　　）	是否完成项目（　　）	是否完成项目（　　）	是否完成项目（　　）
评价：优、良、差	评价：优、良、差	评价：优、良、差	评价：优、良、差

（3）老师指导：操作现场安全检查，并提醒学生注意安全，规范学生操作及解决并收集遇到的问题。老师指导班长协助管理，如表4-3所示。

表4-3　老师指导班长协助管理表

班长：

第一组组长	第二组组长	第三组组长	第四组组长
是否串岗（　　）	是否串岗（　　）	是否串岗（　　）	是否串岗（　　）
是否协调成员（　　）	是否协调成员（　　）	是否协调成员（　　）	是否协调成员（　　）
评价：优、良、差	评价：优、良、差	评价：优、良、差	评价：优、良、差

五、实训操作

1. 认识离合器的故障症状

离合器的故障症状如表4-4所示。

表4-4　离合器故障症状

故障现象	故障原因
离合器抖动	发动机支座（松动）
	离合器盘总成（径向圆跳动过大）
	离合器盘总成（油污）
	离合器盘总成（磨损）
	离合器盘扭力弹簧（损坏）
	离合器盘总成（磨光）
	膜片弹簧（顶端不对齐）
离合器踏板绵软	离合器管路（管路进气）
	主缸（损坏）
	分离缸活塞（损坏）
离合器有异响	离合器分离轴承总成（磨损、脏污或损坏）
	离合器盘扭力弹簧（损坏）

续表

故障现象	故障原因
离合器打滑	离合器踏板（自由行程失调）
	离合器盘总成（油污）
	离合器盘总成（磨损）
	膜片弹簧（损坏）
	压盘（变形）
	飞轮分总成（变形）
离合器分离不彻底	离合器踏板（自由行程失调）
	离合器管路（管路进气）
	主缸（损坏）
	分离缸活塞（损坏）
	离合器盘总成（不在一条直线上）
	离合器盘总成（径向圆跳动过大）
	离合器总成（衬片破裂）
	离合器盘总成（脏污或烧损）
	离合器盘总成（油污）
	离合器总成（缺少花键润滑脂）

2. 离合器液压管路排空气

注　意

（1）如果离合器油接触到任何涂漆表面，请立即进行清洗。

（2）如果拆卸过离合器，在装复时，必须进行系统排空气，以保证离合器正常工作。

（1）对制动液储液罐进行加注。

（2）对离合器管路进行排气。

①拆下排气螺塞盖。

②将塑料管连接至排气螺塞。

③踩下离合器踏板数次，并在踩住踏板时松开排气螺塞。

④离合器油不再外流时，拧紧排气螺塞，然后松开离合器踏板。

⑤重复前两步操作直至离合器油中的空气全部排出。

⑥拧紧排气螺塞。

拧紧力矩：8.3 N·m。

⑦安装排气螺塞盖。

⑧检查并确认离合器管路中的空气已全部排出。

（3）检查储液罐中制动液的液位。

3. 离合器踏板拆装

（1）从蓄电池负极端子断开电缆。

注意

断开电缆后等待 90 s，目的是防止车上线路中的余电对器件造成损伤。

（2）拆卸仪表左下装饰板。

（3）拆卸仪表右下装饰板。

（4）拆卸仪表左端装饰板。

（5）拆卸仪表右端装饰板。

（6）拆卸中央仪表板调风器总成。

（7）拆卸仪表组装饰板总成。

（8）拆卸组合仪表总成。

（9）拆卸左侧前柱装饰板（不带窗帘式安全气囊）。

（10）拆卸左侧前柱装饰板（带窗帘式安全气囊）。

（11）拆卸右侧前柱装饰板（不带窗帘式安全气囊）。

（12）拆卸右侧前柱装饰板（带窗帘式安全气囊）。

（13）拆卸仪表下装饰板总成。

（14）断开左前车门开口装饰密封条。

（15）拆卸杂物箱盖总成。

（16）拆卸仪表板箱盖分总成。

（17）断开右前车门开口装饰密封条。

（18）断开仪表板线束总成。

（19）拆卸上仪表板分总成。

（20）拆卸仪表板底罩分总成。

（21）拆卸前照灯光束高度调整 ECU 总成。

（22）分离主车身 ECU（仪表板接线盒）。

拆下 2 个螺钉并分离主车身 ECU。

（23）断开插接器。

断开离合器踏板开关插接器。

（24）拆卸带孔销的离合器主缸推杆 U 形夹，拆下卡子和孔销。

（25）拆卸离合器踏板支架分总成。

（26）拆卸离合器踏板限位螺栓。

如图 4-1 所示，从离合器踏板支架分总成上拆下离合器踏板限位螺栓。

（27）拆卸离合器踏板弹簧，如图 4-2 所示。

（28）拆卸带挂钩弹簧的踏板。

图 4-1　拆卸离合器踏板限位螺栓

图 4-2　拆卸离合器踏板弹簧

（29）拆卸离合器踏板分总成。

（30）拆卸离合器踏板垫。

从离合器踏板分总成上拆下离合器踏板垫。

（31）拆卸离合器踏板衬套。

从离合器踏板上拆下两个衬套，如图 4-3 所示。

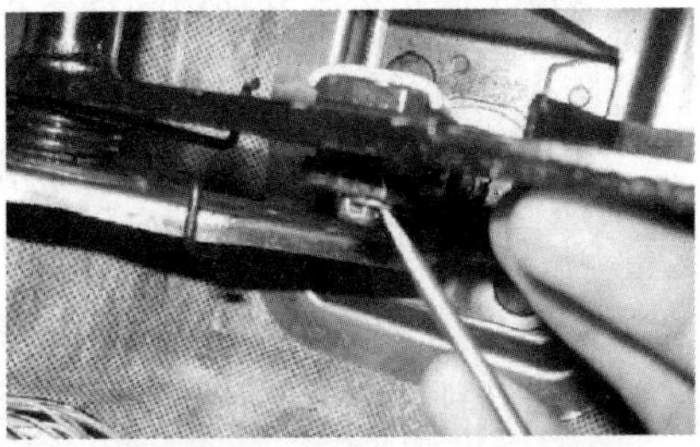

（32）拆卸离合器踏板缓冲垫。

用尖嘴钳从离合器踏板分总成上拆下两个离合器踏板缓

图 4-3　拆卸衬套

冲垫。

（33）拆卸离合器主缸推杆 U 形夹衬套。

用 8 mm 六角扳手和锤子从离合器踏板分总成上拆下 U 形夹衬套。

（34）拆卸离合器开关总成（带巡航控制系统）。

从离合器踏板支架分总成上拆下螺母和离合器开关总成。

（35）拆卸离合器踏板开关总成。

从离合器踏板支架分总成上拆下螺母和离合器踏板开关总成。

4. 离合器的调整

（1）检查并调整离合器踏板高度，如图 4-4 所示。

①翻起地毯。

②检查并确认踏板高度正确。

踏板高度：143.6~153.6 mm。

③松开锁紧螺母并转动限位螺栓直至获得正确高度。

④拧紧锁紧螺母。

拧紧力矩：16 N·m。

（2）检查离合器踏板自由行程和推杆行程，如图 4-5 所示。

①检查并确认踏板自由行程和推杆行程正确。

图 4-4　检查并调整离合器踏板高度

踏板自由行程

推杆行程

图 4-5　检查离合器踏板自由行程和推杆行程

●踩下踏板直至开始感觉到离合器阻力。

踏板自由行程：5.0~15.0 mm。

●轻轻踩下踏板直至阻力开始增大。

踏板顶端处的推杆行程：1.0~5.0 mm。

②如有必要，调整踏板自由行程和推杆行程。

●松开锁紧螺母并转动推杆直至获得正确的自由行程和推杆行程。

●拧紧锁紧螺母。

拧紧力矩：12 N·m。

③调整好踏板自由行程后，检查踏板高度。

（3）检查离合器分离点。

①接上驻车制动手柄并安装车轮止动楔。

②起动发动机使其怠速运转。

③未踩下离合器踏板时，缓慢移动变速杆直至齿轮接触。

④逐渐踩下离合器踏板，并测量从齿轮噪声停止点（分离点）到踏板行程终点位置的行程距离。

标准距离：25 mm 或更长（从踏板行程终点位置到分离点）。

如果该距离不符合规定，则执行以下程序：

●检查踏板高度。

●检查推杆行程和踏板自由行程。

●对离合器管路进行放气。

5. 离合器踏板的安装

安装步骤与拆装步骤相反，这里不再详细阐述。

6. 拆卸离合器主缸

（1）拆卸气缸盖罩。

（2）拆卸前刮水器臂端盖。

（3）拆卸左前刮水器臂和刮水片总成。

（4）拆卸右前刮水器臂和刮水片总成。

（5）拆卸发动机盖至前围上板密封。

（6）拆卸前围板右上通风栅板。

（7）拆卸前围板左上通风栅板。

（8）拆卸风窗玻璃刮水器电动机及连杆。

（9）排净制动液。

（10）拆卸前围上外板。

（11）拆卸空气滤清器盖分总成。

（12）拆卸空气滤清器壳。

（13）断开离合器储液管。

（14）断开制动管路。

（15）拆卸制动主缸分总成。

（16）拆卸仪表板底罩分总成。

（17）拆卸制动踏板回位弹簧。

（18）分离制动主缸推杆 U 形夹。

（19）断开真空软管。

（20）拆卸制动助力器总成。

从离合器主缸总成上松开卡子并断开离合器储液管。

注　意

用容器接取油液。

（21）断开离合器管路。

用连接螺母扳手断开离合器管路。

（22）拆卸离合器主缸总成。

①拆下卡子和孔销。

②拆下两螺母和离合器主缸。

③拆下离合器主缸支架。

7. 离合器主缸的安装

（1）安装离合器主缸总成。

①安装离合器主缸支架。

②用两个螺栓安装离合器主缸。

拧紧力矩：13 N·m。

③在衬套的接触面上涂抹通用润滑脂。

④将两孔销的 U 形夹连接至离合器踏板分总成。

从车辆右侧安装孔销。

⑤将卡子安装至孔销。

（2）连接离合器管路。

用连接螺母扳手连接离合器管路。

拧紧力矩：不使用连接螺母扳手时为 15 N·m；使用连接螺母扳手时为 14 N·m。

（1）使用力臂长度为 250 mm 的扭力扳手。

（2）当连接螺母扳手与扭力扳手平行时，拧紧力矩值有效。

（3）安装离合器储液管。

用卡子将离合器储液管连接至离合器主缸总成。

（4）安装制动助力器总成。

（5）连接真空软管。

（6）连接制动主缸推杆 U 形夹。

（7）安装制动踏板回位弹簧。

（8）检查并调整制动助力器推杆。

（9）安装制动主缸分总成。

（10）连接制动管路。

（11）连接离合器储液管。

（12）安装空气滤清器壳。

（13）安装空气滤清器盖分总成。

（14）安装前围上外板。

（15）安装风窗玻璃刮水器电动机及连杆。

（16）安装前围板左上通风栅板。

（17）安装前围板右上通风栅板。

（18）安装发动机盖至前围上板密封。

（19）安装右前刮水器臂和刮水片总成。

（20）安装左前刮水器臂和刮水片总成。

（21）安装刮水器臂端盖。

（22）安装气缸盖罩。

（23）检查并调整制动踏板高度。

（24）检查制动踏板自由行程。

（25）检查制动踏板行程余量。

（26）对制动液储液罐进行加注。

（27）对离合器管路进行排气。

（28）对制动主缸进行排气。

（29）对制动管路进行排气。

（30）对制动器执行器进行放气（带 VSC）。

（31）检查制动液是否泄漏。

注 意

　检查离合器系统内制动液是否泄漏。

（32）检查制动液液位。

（33）检查并调整离合器踏板分总成。

（34）安装仪表板底罩分总成。

8. 拆卸离合器分离缸

（1）拆卸散热器上空气导流板。

（2）拆卸离合器分离缸总成：

①用连接螺母扳手断开离合器管路。

②拆下两个螺栓和离合器分离缸。

（3）拆卸离合器分离缸放气螺塞。

①从放气螺塞上拆下放气螺塞盖。

②从缸体上拆下放气螺塞。

（4）拆卸离合器分离缸组件。

①从缸体上拆下防尘罩。

②从缸体上拆下推杆。

③从缸体上拆下活塞和弹簧。

9. 离合器分离缸的重新装配（模拟）

（1）安装离合器分离缸组件。

①在新活塞上涂锂皂基乙二醇润滑脂。

②将活塞和新弹簧安装至缸体。

③将新防尘罩安装至推杆。

④将推杆安装至缸体。

（2）安装分离缸放气螺塞。

①将放气螺塞安装至缸体。

拧紧力矩：38 N·m。

②将放气螺塞盖安装至放气螺塞。

10. 离合器分离缸的安装

（1）安装离合器分离缸总成，如图4-6所示。

①用两个螺栓安装离合器分离缸。

拧紧力矩：12 N·m。

②用连接螺母扳手连接离合器管路。

拧紧力矩：不使用连接螺母扳手时为15 N·m；使用连接螺母扳手时为14 N·m。

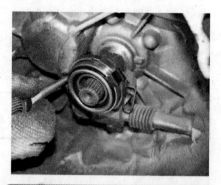

图4-6　安装离合器分离缸总成

注 意

　　使用力臂长度为250 mm的扭力扳手。

当连接螺母扳手与扭力扳手平行时，力矩值有效。

（2）对制动液储液罐进行加注。

（3）对离合器管路进行放气。

（4）检查制动液液位。

（5）检查离合器系统内制动液是否有泄漏。

（6）安装散热器上空气导流板。

11. 离合器单元的拆卸

（1）拆卸手动传动桥总成。

（2）拆卸离合器分离叉总成。

从手动传动桥上拆下带离合器分离轴承的离合器分离叉，如图4-7所示。

（3）拆卸离合器分离叉防尘罩。

从手动传动桥上拆下离合器分离叉防尘罩。

（4）拆卸离合器分离轴承总成。

从离合器分离叉上拆下分离轴承和卡子。

（5）拆卸分离叉支撑件。

从手动传动桥上拆下分离叉支撑件。

（6）拆卸离合器盖总成。

①在离合器盖总成和飞轮分总成上做好装配标记，如图4-8所示。

②每次将各固定螺栓拧松一圈，直至弹簧张力被完全释放。

③拆下固定螺栓并拉下离合器盖。

图 4-7　拆下离合器分离叉

图 4-8　做装配标记

（7）拆下离合器盘总成。

> **注　意**
>
> （1）不要跌落离合器盘。
> （2）使离合器盘总成衬片部分、压盘和飞轮分总成表面远离油污和异物。

12. 离合器单元的检查

（1）检查离合器盘总成。

①用游标卡尺测量铆钉头深度，如图 4-9 所示。

最小铆钉深度：0.3 mm。

如有必要，更换离合器盘总成。

②将离合器盘总成安装至传动桥总成。

③用百分表测量离合器盘总成的径向圆跳动。

最大径向圆跳动：0.8 mm。

如有必要，更换离合器总成。

（2）检查飞轮分总成。用百分表测量飞轮分总成的径向圆跳动，如图 4-10 所示。

最大径向圆跳动：0.1 mm。

如有必要，更换飞轮分总成。

图 4-9　测量铆钉头深度

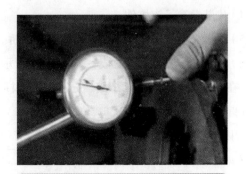

图 4-10　测量飞轮分总成的径向圆跳动

（3）检查离合器分离轴承总成。

①在轴向施力时，旋转离合器分离轴承总成的滑动部件（与离合器盖的接触面），检查并确认离合器分离轴承总成移动平稳且无异常阻力。

②检查离合器分离轴承总成是否损坏或磨损。

如有必要，更换离合器分离轴承总成。

13. 离合器单元的安装

（1）安装离合器盘总成。

将专用工具插入离合器盘总成，然后将它们一起插入飞轮分总成。

> **注意**
>
> 　按正确的方向插入离合器盘总成。

（2）安装离合器盖总成。

①将离合器盖总成上的装配标记和飞轮总成上的装配标记对准。

②如图 4-11 所示，从位于顶部锁销附近的螺栓依次按照对角的顺序拧紧螺栓。

拧紧力矩：19 N·m。

图 4-11　拧紧螺栓

> **注意**
>
> 　①按照顺序，每次均匀拧紧一个螺栓。
>
> 　②检查并确认离合器盘位于中心位置后，上下左右轻微地移动专用工具，然后拧紧螺栓。

（3）检查并调整离合器盖总成。

①用带滚子仪的百分表检查膜片弹簧顶端高度偏差。

最大偏差：0.9 mm。

②如果偏差不符合规定，用专用工具调整膜片弹簧端的高度偏差。

（4）安装分离叉支撑件。

（5）安装离合器分离叉防尘罩至手动传动桥。

（6）安装离合器分离叉总成，如图 4-12 所示。

①在分离叉和分离轴承总成、分离叉和推杆、分离叉和分离叉支撑件间的接触面上涂抹分离毂润滑脂。

②用卡子将分离叉安装至分离轴承总成。

（7）安装离合器分离轴承总成。

①在输入轴花键上涂抹离合器花键润滑脂，如图 4-13 所示。

图 4-12　安装离合器分离叉总成

图 4-13　涂抹离合器花键润滑脂

②将带分离叉的离合器分离轴承安装至传动桥总成。

注 意

安装完毕后前后移动分离叉，以检查分离轴承是否滑动平稳。

（8）安装手动传动桥总成。

 六、练习与思考

1. 练习题

离合器踏板自由行程过大或没有，会使离合器分离不彻底或产生打滑等现象，从而影响离合器的正常工作。膜片式离合器如图 4-14 所示。

（1）自由行程的检查方法。

①钢尺垂直于离合器踏板放置，如图 4-15 所示。　　　　工作完成　是□　否□

②用手压下离合器踏板直到感觉到有阻力。　　　　　　工作完成　是□　否□

③踏板始点与受阻点之间的距离就是踏板自由行程。　　工作完成　是□　否□

图 4-14　膜片式离合器

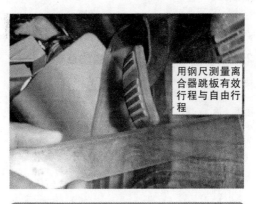

用钢尺测量离合器跳板有效行程与自由行程

图 4-15　自由行程的测量

测量结果：_____

标准数值：_____

④测量的结果是否符合标准数值范围？　　　　　　　　　　　是□　否□

处理方法：_____

（2）自由行程的调整方法。

①本车的离合器操纵机构是液压式还是机械式？　　　液压式□　机械式□

②踏板自由行程过大或过小时，可以通过图 4-16 中的哪个部位调整？

图 4-16　自由行程的调整

答：_____

③重新调整后再次测量数值，是否符合标准？　　　　　符合□　不符合□

处理方案：_____

④调整后检查离合器工作是否正常？　　　　　　　　　　　是□　否□

2. 思考题

（1）如何正确检查离合器踏板自由行程？

（2）安装离合器盖总成时需要注意哪些事项？

七、实训报告

（1）成员实训报告，如表 4-5 所示。

表 4-5　成员实训报告

姓名		班级		分组		日期	
实训项目							
实训内容							
自己评语							
老师评语							

（2）组长实训报告，如表4-6所示。

表4-6　组长实训报告

姓名		班级		分组		日期	
实训项目							
实训内容							
第　组							
姓名： 是否串岗（　　　） 是否完成项目（　　　） 评价：优、良、差		姓名： 是否串岗（　　　） 是否完成项目（　　　） 评价：优、良、差		姓名： 是否串岗（　　　） 是否完成项目（　　　） 评价：优、良、差		姓名： 是否串岗（　　　） 是否完成项目（　　　） 评价：优、良、差	
自己评语							
老师评语							

（3）班长实训报告，如表 4-7 所示。

表 4-7　班长实训报告

姓名		班级		分组		日期	
实训项目							
实训内容							
	第一组组长		第二组组长		第三组组长		第四组组长
	是否串岗（　　）		是否串岗（　　）		是否串岗（　　）		是否串岗（　　）
	是否协调成员（　　）		是否协调成员（　　）		是否协调成员（　　）		是否协调成员（　　）
	评价：优、良、差		评价：优、良、差		评价：优、良、差		评价：优、良、差
自己评语							
老师评语							

项目五 转向器的拆装检查与调整

 一、实训目的

（1）掌握转向器的检修方法。

（2）掌握转向器的结构及工作原理。

（3）掌握转向器故障对整个系统的影响。

 二、实训前准备

（1）丰田卡罗拉轿车 1 辆。

（2）转向器总成实训台 3 台。

（3）常用工具、球头拉码、量具各 3 套。

（4）相关挂图或图册若干。

 三、老师讲解示范

（1）拆卸。

（2）检查。

（3）安装。

 四、实训管理

（1）学生分组：每组 4~5 人。先让学生自己分组，选出 1 名组长，记录组长和成员名字，然后视情况进行适当的调整，如表 5-1 所示。

表 5-1　学生分组表

第一组	第二组	第三组	第四组
组长：	组长：	组长：	组长：
成员：	成员：	成员：	成员：

（2）组长工作：协调成员，规范学生操作并收集遇到的问题，如表5-2所示。

表5-2 学生规范操作表

第　组			
姓名：	姓名：	姓名：	姓名：
是否串岗（　　）	是否串岗（　　）	是否串岗（　　）	是否串岗（　　）
是否完成项目（　　）	是否完成项目（　　）	是否完成项目（　　）	是否完成项目（　　）
评价：优、良、差	评价：优、良、差	评价：优、良、差	评价：优、良、差

（3）老师指导：操作现场安全检查，并提醒学生注意安全，规范学生操作及解决并收集遇到的问题。老师指导班长协助管理，如表5-3所示。

表5-3 老师指导班长协助管理表

班长：

第一组组长	第二组组长	第三组组长	第四组组长
是否串岗（　　）	是否串岗（　　）	是否串岗（　　）	是否串岗（　　）
是否协调成员（　　）	是否协调成员（　　）	是否协调成员（　　）	是否协调成员（　　）
评价：优、良、差	评价：优、良、差	评价：优、良、差	评价：优、良、差

五、实训操作

下面以丰田卡罗拉转向器为例介绍实训操作。

1. 转向系统故障认识

转向系统故障症状如表5-4所示。

注 意

使用表5-4可帮助诊断故障原因，表中以递减的顺序表示故障原因的可能性。

2. 转向系统操作注意事项

1）操作转向柱总成时

（1）避免撞击转向柱总成，特别是电动机或力矩传感器，如果转向柱总成跌落或遭受严重冲击，应更换一个新件。

（2）移动转向柱总成时，不要拉动线束。

（3）更换转向柱总成或动力转向ECU总成后，校正力矩传感器零点。

（4）未将转向柱总成安装至车辆上时，不要松开倾斜度调节杆。

2）断开或重新连接连接器时

（1）断开与电动机动力转向系统有关的连接器时，点火开关置于"ON"（IG）位置（发动机停止），将转向盘回正，然后将点火开关置于"OFF"位置，断开连接器。

表 5-4　转向系统故障症状

故障原因	故障部件
转向困难	前轮胎（充气不当或磨损不均匀）
	前轮定位（错误）
	前悬架（下球节）
	转向中间轴
	转向柱
	转向机
	动力转向 ECU
回正性差	前轮胎（充气不当或磨损不均匀）
	前轮定位（错误）
	转向柱
	转向机
	动力转向 ECU
没有自由行程或行程过大	转向中间轴
	转向机
动力转向系统工作时，转动转向盘时出现敲缸（或摇动）声音	转向中间轴
	前悬架（下球节）
	前桥轮毂（轮毂轴承）
	转向机
在低速行驶中转动转向盘时，出现摩擦声	动力转向电动机
	转向柱
在车辆停止时，慢慢转动转向盘，出现尖锐的声音（"吱吱"声）	动力转向电动机
车辆停止时转动方向盘，转向盘振动且有噪声出现	动力转向电动机
	转向柱

（2）重新连接与电动机动力转向系统有关的连接器时，确定点火开关置于"OFF"位置，将转向盘回正，然后将点火开关置于"ON"（IG）位置（发动机停止）。

注　意

转向盘没有回正时，不要将点火开关置于"ON"（IG）位置。

（3）如果不按以上程序操作，转向盘中心点（零点）将偏离，可能会导致左右转向力矩出现差别。

3. 转向盘自由行程的检查

按下述步骤检查转向盘的自由行程：
（1）停车，使车轮正对前方。
（2）向左和向右慢慢转动转向盘，检查转向盘的自由行程。
最大自由行程：30 mm。

如果自由行程超过最大值，检查转向系统。

4. 转向锁的操作

断开并重新连接蓄电池负极（－）端子后，驻车辅助监视系统需要初始化。

1）转向锁系统操作的注意事项

（1）更换转向锁执行器总成后（转向锁 ECU），应进行钥匙识别码注册。

（2）如果更换了转向锁执行器总成，应先打开再关闭驾驶侧车门，否则发动机可能不能起动。

> **注 意**
>
> 先打开后关上驾驶侧车门使得转向锁执行器总成（转向锁 ECU）存储转向锁杆的正确位置。

（3）在发动机开关置于"OFF"位置时，检查智能上车和起动系统功能有无 DTC 或检查数据表，应确保驾驶侧车门打开。

> **注 意**
>
> 当发动机开关置于"OFF"位置时，主车身 ECU 可能会处于休眠模式，如果主车身 ECU 处于这种休眠模式，智能检测仪将不能与它通信打开和关闭驾驶侧车门，此时可使 ECU 退出休眠模式。

2）转向锁执行器的注意事项

如果更换了转向锁执行器（转向锁 ECU），应先将发动机开关置于"OFF"位置并且变速杆位于"空挡"位置，然后再打开开关并关闭驾驶侧车门，这样就可以将目前的转向锁位置记录在转向锁 ECU 中。如果不执行，发动机将不能起动。

5. 方向机总成的拆卸

（1）拆下万向轴螺栓，然后将铰接头向转向柱移动，从而卸下万向轴，如图 5-1 所示。

（2）从 10 mm 螺母上拆下开口销，然后拧松螺母，如图 5-2 所示。

图 5-1 拆下万向轴螺栓

图 5-2 拆下开口销及拧松螺母

（3）握住右横拉杆并将齿条始终向右方拉，然后拆下左、右横拉杆端接头以及锁紧螺母，如图 5-3 所示。

（4）拆下防护套箍带和横拉杆卡环，把防护套从转向机端部拉下来，如图 5-4 所示。

图 5-3 拆下横拉杆端接头及锁紧螺母

图 5-4 拆下防护套箍带和横拉杆卡环

（5）用一把扳手夹持住右侧转向齿条的平面部分，用另一把扳手拧动两侧齿条端连接件，要避免扳手损坏齿条表面，然后拆下锁紧垫圈和限位垫圈，如图 5-5 所示。

6. 转向机总成的安装

（1）在安装转向机前，将齿条完全滑向右侧。

①将万向轴的下部滑到小齿轮轴上（将螺栓洞孔与轴的凹槽对齐），然后松弛地安装下部螺栓，确认下部螺栓已被稳固地装到小齿轮轴的凹槽里，如图 5-6 所示。

图 5-5 拆下锁紧垫圈和限位垫圈

图 5-6 安装下部螺栓

②拉动万向轴以确认其是否完全就位，然后安装上部螺栓并将其拧紧。

（2）将左、右横拉杆端接头和锁紧螺母以相同的圈数拧到齿条上。

（3）从球头锥形部分和螺纹处擦去润滑脂污物，然后将横拉杆端接头重新接到转向节上，最后将 10 mm 的螺母装于转向节上并拧紧。

（4）安装前轮。

 六、练习与思考

（1）如何正确检查转向器？

（2）转向器故障对整个系统有何影响？

七、实训报告

（1）成员实训报告，如表 5-5 所示。

表 5-5　成员实训报告

姓名		班级		分组		日期	
实训项目							
实训内容							
自己评语							
老师评语							

（2）组长实训报告，如表 5-6 所示。

表 5-6　组长实训报告

姓名		班级		分组		日期	
实训项目							
实训内容							
第　组							
姓名：		姓名：		姓名：		姓名：	
是否串岗（　　）		是否串岗（　　）		是否串岗（　　）		是否串岗（　　）	
是否完成项目（　　）		是否完成项目（　　）		是否完成项目（　　）		是否完成项目（　　）	
评价：优、良、差		评价：优、良、差		评价：优、良、差		评价：优、良、差	
自己评语							
老师评语							

（3）班长实训报告，如表 5-7 所示。

表 5-7　班长实训报告

姓名		班级		分组		日期	
实训项目							
实训内容							

第一组组长	第二组组长	第三组组长	第四组组长
是否串岗（　　）	是否串岗（　　）	是否串岗（　　）	是否串岗（　　）
是否协调成员（　）	是否协调成员（　）	是否协调成员（　）	是否协调成员（　）
评价：优、良、差	评价：优、良、差	评价：优、良、差	评价：优、良、差

自己评语	
老师评语	

项目六 悬挂系统的拆装检查与调整

一、实训目的

（1）掌握悬挂系统的检修方法。

（2）掌握悬挂系统的结构及工作原理。

（3）掌握悬挂系统故障对整个系统的影响。

二、实训前准备

（1）丰田卡罗拉轿车1辆。

（2）悬挂系统总成实训台3台。

（2）常用工具、弹簧压缩器、台虎钳、球头拉码、量具各3套。

（4）相关挂图或图册若干。

三、老师讲解示范

（1）拆卸。

（2）检查。

（3）安装。

四、实训管理

（1）学生分组：每组4~5人。先让学生自己分组，选出1名组长，记录组长和成员名字，然后视情况进行适当的调整，如表6-1所示。

表6-1　学生分组表

第一组	第二组	第三组	第四组
组长：	组长：	组长：	组长：
成员：	成员：	成员：	成员：

（2）组长工作：协调成员，规范学生操作并收集遇到的问题，如表6-2所示。

表 6-2　学生规范操作表

第＿组			
姓名：	姓名：	姓名：	姓名：
是否串岗（　　　）	是否串岗（　　　）	是否串岗（　　　）	是否串岗（　　　）
是否完成项目（　　）	是否完成项目（　　）	是否完成项目（　　）	是否完成项目（　　）
评价：优、良、差	评价：优、良、差	评价：优、良、差	评价：优、良、差

（3）老师指导：操作现场安全检查，并提醒学生注意安全，规范学生操作及解决并收集遇到的问题。老师指导班长协助管理，如表 6-3 所示。

表 6-3　老师指导班长协助管理表

班长：

第一组组长	第二组组长	第三组组长	第四组组长
是否串岗（　　　）	是否串岗（　　　）	是否串岗（　　　）	是否串岗（　　　）
是否协调成员（　　）	是否协调成员（　　）	是否协调成员（　　）	是否协调成员（　　）
评价：优、良、差	评价：优、良、差	评价：优、良、差	评价：优、良、差

五、实训操作

下面以丰田卡罗拉悬架系统为例介绍实训操作。

1. 悬架系统故障认识

悬架系统故障症状如表 6-4 所示。

表 6-4　悬挂系统故障症状

故障原因	故障部件	故障原因	故障部件
车辆跑偏	轮胎（磨损或充气不当）	轮胎异常磨损	轮胎（磨损或充气不当）
	前轮（定位错误）		车轮（失去平衡）
	后轮（定位错误）		前轮（定位错误）
	前减振器（磨损）		后轮（定位错误）
	后减振器（磨损）		悬架零件（磨损）
	转向传动机构（松动或磨损）	倾斜	轮胎（磨损或充气不当）
	前轮毂轴承（磨损）		前螺旋弹簧（弱）
	后轮毂轴承（磨损）		后螺旋弹簧（弱）
	悬架零件（磨损）		前减振器（磨损）
车辆下坠	车辆（超载）		后减振器（磨损）
	前螺旋弹簧（弱）		前稳定杆（弯曲或断裂）
	后螺旋弹簧（弱）	车轮摆振	轮胎（磨损或充气不当）
	前减振器（磨损）		车轮（失去平衡）
	后减振器（磨损）		前轮（定位错误）

故障原因	故障部件	故障原因	故障部件
车轮摆振	后轮（定位错误）	车轮摆振	前轮毂轴承（磨损）
	前减振器（磨损）		
	后减振器（磨损）		后轮毂轴承（磨损）
	前下球节（磨损）		转向传动机构（松动或磨损）

2. 前轮定位的调整

注意

　　对配备 VSC 的车辆，如果已调整车轮定位，且悬架或车身底部零部件已拆下／安装或更换，确保执行下列初始化程序以使系统正常运行：

（1）断开蓄电池负极端子超过 2 s。

（2）重新连接蓄电池负极端子。

（3）执行横摆率和加速传感器的零点校准，并进行测试模式检查。

（1）检查轮胎。

（2）测量车辆高度，如图 6-1 所示。

图 6-1　测量车辆高度

注意

（1）检查车辆定位前，应将车辆高度调整至规定值。

（2）一定要在水平表面上进行测量。

（3）如果必须钻入车底进行测量，应确认已施加驻车制动且车辆已用止动楔固定。

①下压车辆几次以稳定悬架。

②测量车辆高度，标准值参考表 6-5。

表 6-5　车辆高度（空载车辆）　　　　　　　　　　　　　　　　mm

发动机	前 C-A	前 D-B
1ZR-FE	83	3
2ZR-FE	84	3
测量点：A—悬架下臂衬套固定螺栓中心的离地间隙；B—后牵引臂衬套固定螺栓中心的离地间隙；C—前轮中心的离地间隙；D—后轮中心的离地间隙		

（3）在转向半径仪的最后点上做胎面中心标记。

①将转向盘向左、右转到完全锁止位置并测量其转角，如图 6-2 和表 6-6 所示。

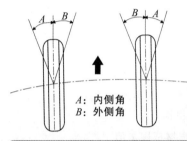

A：内侧角
B：外侧角

图 6-2　检查车轮转角

表 6-6　车轮转角（空载车辆）

发动机	车轮内侧角（参考）	外轮外侧角（参考）
1ZR-FE	39°43′±2°（39.72°±2°）	33°27′（33.45°）
2ZR-FE	39°44′±2°（39.73°±2°）	33°27′（33.45°）

如果角度不符合规定，检查并调整左右齿条接头长度。

（4）检查外倾角、后倾角和转向轴线倾角。

①安装前轮定位测定仪或将前轮放至车轮定位检测仪中央，如图 6-3 所示。

②检查外倾角（见表 6-7）、后倾角（见表 6-8）和转向轴线倾角（见表 6-9）。

表 6-7　外倾角（空载车辆）

发动机	外倾角偏差（参考）	左右差值
1ZR-FE	-0°04′±45′（-0.07°±0.75°）	45′（0.75°）
2ZR-FE	-0°05′±45′（-0.08°±0.75°）	或更小

表 6-8　后倾角（空载车辆）

发动机	后倾角偏差（参考）	左右差值
1ZR-FE	5°32′±45′（5.53°±0.75°）	45′（0.75°）或更小
2ZR-FE		

图 6-3　安装检测仪

（5）调整外倾角。

①拆下前轮。

②拆下前减振器上侧的两个螺母。

表 6-9　转向轴线倾角（空载车辆）

发动机	转向轴线倾角（参考）
1ZR-FE	11°43′（11.72°）
2ZR-FE	

注 意

（1）调整外倾角后检查前束。

（2）保持螺栓插入。

③清洁前减振器和转向节的安装表面。

④暂时安装两个螺母（步骤A）。

⑤按所需的调整方向将前桥轮毂推到底或拉到底（步骤B）。

⑥拧紧螺母。

拧紧力矩：240 N·m。

⑦安装前轮。

拧紧力矩：103 N·m。

⑧检查外倾角。

●如果测量值不在规定范围内，用下面的公式计算所需的调整量：

$$外倾角调整量 = 规定值范围中间值 - 测量值$$

●检查安装螺栓的组合，从表6-10选择适当的螺栓将外倾角调整至规定值。

表6-10 螺栓选择

在步骤B中向"+"移动车桥	在步骤B中向"-"移动车桥
参照表6-11（将车桥移向正侧）	参照表6-12（将车桥移向负侧）

注 意

（1）尽量将外倾角调整到规定值的中间值。

（2）更换螺栓时换上新的螺母。

表6-11 将车桥移向正侧时外倾角的调整

安装螺栓	1	90105-17008	90105-17008	90105-17008	90105-17008	90105-17009	90105-17010	90105-17011
	2	90105-17008	90105-17009	90105-17010	90105-17011	90105-17011	90105-17011	90105-17011
调整值								
−1.50°~−1.25°		—	—	—	—	—	—	C
−1.25°~−1.00°		—	—	—	—	—	C	A
−1.00°~−0.75°		—	—	—	—	C	A	B
−0.75°~−0.50°		—	—	—	C	A	B	C
−0.50°~−0.25°		—	—	C	A	B	C	E

续表

安装螺栓 1	⬡ 90105-17008	⬡ 90105-17008	⬡ 90105-17008	⬡ 90105-17008	⬡ 90105-17009	⬡ 90105-17010	⬡ 90105-17011
调整值 2	⬡ 90105-17008	⬡ 90105-17009	⬡ 90105-17010	⬡ 90105-17011	⬡ 90105-17011	⬡ 90105-17011	⬡ 90105-17011
−0.25°~0°	—	C	A	B	C	E	F
0°~0.25°	A	B	C	D	E	F	—
0.25°~0.50°	B	C	D	E	F	—	—
0.50°~0.75°	C	D	E	F	—	—	—
0.75°~1.00°	D	E	F	—	—	—	—
1.00°~1.25°	E	F	—	—	—	—	—
1.25°~1.50°	F	—	—	—	—	—	—

表 6-12　将车桥移向负侧时外倾角调整

安装螺栓 1	⬡ 90105-17008	⬡ 90105-17008	⬡ 90105-17008	⬡ 90105-17008	⬡ 90105-17009	⬡ 90105-17010	⬡ 90105-17011
调整值 2	⬡ 90105-17008	⬡ 90105-17009	⬡ 90105-17010	⬡ 90105-17011	⬡ 90105-17011	⬡ 90105-17011	⬡ 90105-17011
−1.50°~−1.25°	F	—	—	—	—	—	—
−1.25°~−1.00°	E	F	—	—	—	—	—
−1.00°~−0.75°	D	E	F	—	—	—	—
−0.75°~−0.50°	C	D	E	F	—	—	—
−0.50°~−0.25°	B	C	D	E	F	—	—
−0.25°~0°	A	B	C	D	E	F	—
0°~0.25°	—	C	A	B	C	D	E
0.25°~0.50°	—	—	C	A	B	C	D
0.50°~0.75°	—	—	—	C	A	B	C
0.75°~1.00°	—	—	—	—	C	A	B
1.00°~1.25°	—	—	—	—	—	C	A
1.25°~1.50°	—	—	—	—	—	—	C

⑨重复上述步骤，在步骤 A 中更换一个或两个选定的螺栓，如表 6-13 所示。

表 6-13　选定螺栓组合

	A	B	C	D	E	F	G
1	90105–17008	90105–17008	90105–17008	90105–17009	90105–17010	90105–17011	90105–17008
2	90105–17009	90105–17010	90105–17011	90105–17011	90105–17011	90105–17011	90105–17008

> **注　意**
>
> 更换螺栓时，一次更换一个螺栓。

（6）检查前束。

①分别按动车辆前后部使其上下弹跳几次以稳定悬架。

②松开驻车制动器并将变速杆移至空挡位置。

③向正前方推动车辆约 5 m（*1）。

④在前轮最靠后的部位做好胎面中心标记，并测量标记间的距离（尺寸 B）。

⑤以前轮胎气门为参考点，向正前方缓慢推动车辆使前轮旋转 180°。

> **注　意**
>
> 不要使车轮旋转超过 180°，如果车轮旋转超过 180°，再从（*1）开始执行本程序。

⑥如图 6-4 所示，测量车轮前侧胎面中心标记间的距离（尺寸 A），标准值参考表 6-14。

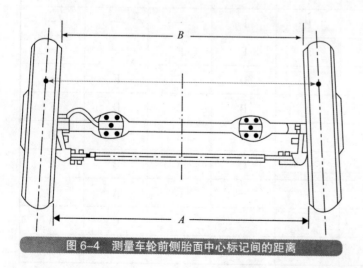

表 6-14　前束（空载车辆）

项目	规定状态
前束（总）	$B-A$：（2.0±2）mm

图 6-4　测量车轮前侧胎面中心标记间的距离

如果前束不在规定范围内，则通过齿条接头进行调整。

⑦调整前束。

●确保左、右齿条接头的长度基本相同。

标准差异：1.5 mm 或更小。

●拆下两个防尘罩卡子。

●松开横拉杆接头锁紧螺母。

●等量转动左、右齿条接头，以调整前束至中间值。

●拧紧横拉杆接头锁紧螺母。

拧紧力矩：74 N·m。

●将防尘罩放到座椅上并安装防尘罩卡子。

⑧使前轮处于正前位置。

⑨从蓄电池负极端子断开电缆（带 VSC）。

> **注 意**
>
> 断开蓄电池负极端子超过 2 s。

⑩连接电缆至蓄电池负极端子（带 VSC）。

⑪执行横摆率传感器零点校准（带 VSC）。

⑫执行转向角传感器零点校准（带 VSC）。

3. 后轮定位的检查

> **注 意**
>
> 对配备 VSC 的车辆，如果已调整车轮定位，且悬架或车身底部零部件已拆下 / 安装或更换，确保执行下列初始化程序以使系统正常运行：
>
> （1）断开蓄电池负极端子超过 2 s。
>
> （2）重新连接蓄电池负极端子。
>
> （3）执行横摆率和转向角传感器的零点校准，并进行测试模式检查。

（1）检查轮胎。

（2）测量车辆高度。

（3）检查前束，标准参考表 6-15。

表 6-15 前束（空载车辆）

项目	规定状态
前束（总）	$B-A$：（1.1 ± 3）mm

如果前束不在规定范围内，检查悬架零件并在必要时予以更换。

（4）检查外倾角。

①安装前轮定位测定仪或将车辆放到车轮定位检测仪上。

②检查外倾角，标准参考表6-16。

表6-16　外倾角（空载车辆）

项目	规定误差
外倾角：右－左	$-1°23' ±30'$（0.5°）或更小

注 意

不能调节外倾角，如果测量值不在规定范围内，检查悬架零件是否损坏或磨损，并在必要时予以更换。

4. 前减振器的拆卸

（1）拆卸前刮水器臂端盖。

（2）拆卸左侧风窗玻璃刮水器臂和刮水片总成。

（3）拆卸右侧风窗玻璃刮水器臂和刮水片总成。

（4）拆卸发动机盖至前围上板密封。

（5）拆卸右侧板上通风栅板。

（6）拆卸左前围板上通风栅板。

（7）拆卸风窗玻璃刮水器电动机及连杆。

（8）拆卸前围上外板。

（9）拆卸前轮。

（10）拆下前悬架支座防尘罩，如图6-5所示。

（11）分离前稳定杆连杆总成。

从带螺旋弹簧的前减振器上拆下螺母并分离稳定杆连杆总成，如图6-6所示。

图6-5　拆下前悬架支座防尘罩

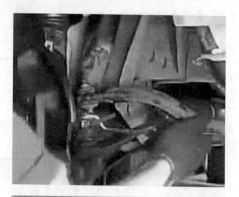
图6-6　分离前稳定杆连杆总成

如果球节随螺母一起转动，则使用六角扳手（6 mm）固定双头螺栓。

（12）拆下螺栓和卡夹，并分离前轮转速传感器。

（13）拆下螺栓并分离前挠性软管。

（14）拆卸带螺旋弹簧的前减振器。

①松开前减振器的前支架至前减振器螺母。

不要拆下前支架至前减振器螺母，当带螺旋弹簧的前减振器需要拆解时，仅松开螺母。

②用千斤顶和木块支撑前桥。

③拆下 2 个螺栓和 2 个螺母，并从转向节上分离带螺旋弹簧的前减振器（下部）。

④拆下 3 个螺母和带螺旋弹簧的前减振器。

确保将前轮转速传感器从带螺旋弹簧的前减振器上完全分离。

5. 前减振器的拆解

（1）固定带螺旋弹簧的前减振器，用专用工具压缩前螺旋弹簧，如图 6-7 所示。

如果以一定角度压缩前螺旋弹簧，用两个专用工具可使操作更容易。

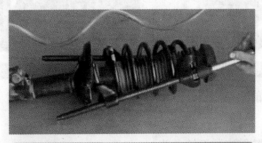

图 6-7　压缩前螺旋弹簧

（2）拆卸前支架至前减振器螺母。

①将螺栓和螺母安装至减振器下支架，并用台虎钳固定带螺旋弹簧的前减振器。

②检查并确保前螺旋弹簧被完全压缩。

③拆下前支架至前减振器螺母，如图 6-8 所示。

（3）拆卸前悬架支座分总成。

图 6-8　拆下前支架至前减振器螺母

（4）拆卸前悬架支座防尘密封圈。

（5）拆卸前螺旋弹簧上座。

（6）拆卸前螺旋弹簧上隔振垫。

（7）拆卸前螺旋弹簧。

（8）拆卸弹簧缓冲块。

（9）拆卸前螺旋弹簧下隔振垫。

6. 前减振器的检查

检查前减振器时，压缩并伸长减振器杆 4 次或更多次。

标准：无异常阻力或噪声，且操作阻力正常。

7. 前减振器的安装

（1）安装带螺旋弹簧的前减振器。

①用 3 个螺母安装带螺旋弹簧的前减振器（上部），如图 6-9 所示。

拧紧力矩：50 N·m。

②将带螺旋弹簧的前减振器（下部）安装至转向节，并插入 2 个螺栓和 2 个螺母，如图 6-10 所示。

拧紧力矩：240 N·m。

图 6-9　安装带螺旋弹簧的前减振器

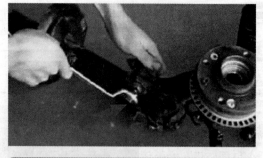

图 6-10　插入螺栓和螺母

③完全紧固前支架至前减振器螺母。

拧紧力矩：47 N·m。

（2）用螺栓将前挠性软管安装至转向节。

拧紧力矩：29 N·m。

（3）安装前轮转速传感器。

用螺栓和卡夹将前轮转速传感器和前挠性软管安装至前减振器。

拧紧力矩：29 N·m。

注　意

　先安装前挠性软管，然后安装转速传感器线束支架。

（4）安装前稳定杆连杆总成。

用螺母将前稳定杆连杆总成安装至带螺旋弹簧的前减振器。

拧紧力矩：74 N·m。

（5）安装前悬架支座防尘罩。

（6）安装前轮。

拧紧力矩：103 N·m。

（7）安装前围上外板。

（8）安装风窗玻璃刮水器电动机及连杆。

（9）安装左前围板上通风栅板。

（10）安装右前围板上通风栅板。

（11）安装发动机盖至前围上板密封。

（12）安装左侧风窗玻璃刮水器臂和刮水片总成。

（13）安装右侧风窗玻璃刮水器臂和刮水片总成。

（14）安装前刮水器臂端盖。

（15）检查并调整前轮定位。

8. 后减振器的拆卸

（1）从蓄电池负极端断开电缆。

> **注 意**
>
> 　断开蓄电池电缆后重新连接时，有些系统需要初始化。

（2）拆卸后排座椅坐垫总成。

（3）拆卸后排左侧座椅靠背总成。

（4）拆卸备胎罩。

（5）拆卸后地板装饰板。

（6）拆卸行李舱左侧内装饰罩。

（7）拆卸后轮。

（8）拆卸高度控制传感器（带 HID 前照灯系统）。

（9）拆卸后减振器缓冲垫挡片。

①用千斤顶和木块支撑后桥横梁总成的弹簧座，如图 6-11 所示。

在将其压缩至 20~30 mm 的位置支撑起后减振器。

②用六角套筒扳手（6 mm）紧固后减振器杆并拆下锁紧螺母，如图 6-12 所示。

图 6-11　支撑后桥横梁总成的弹簧座

图 6-12　紧固后减振器杆

③拆下后减振器缓冲垫挡片。

（10）拆卸后悬架支座。

（11）拆卸后减振器。

固定住螺母以拆下螺栓，并拆下后减振器。

（12）拆卸后弹簧缓冲块。

9. 后减振器的检查

检查后减振器总成时，压缩和伸长减振器杆，检查并确认操作过程中没有异常阻力或异常声音。如果有任何异常，应更换新的减振器。

10. 后减振器的安装

（1）安装后弹簧缓冲块至后减振器。

将 1 号后弹簧缓冲块安装。

（2）安装后减振器。

①用千斤顶和木块支撑后桥横梁总成的弹簧座。

②用螺栓和螺母将后减振器总成暂时紧固至后桥横梁总成。

③慢慢升起千斤顶，将后减振器的上部插入安装孔。

（3）安装后悬架支架，如图 6-13 所示。

图 6-13　后悬架支架和减振器缓冲垫挡片的安装

1—后悬架支架；2—后减振器缓冲垫挡片

（4）安装后减振器缓冲垫挡片，见图 6-13。

（5）安装高度控制传感器（带 HID 前照灯系统）。

（6）安装后轮。

拧紧力矩：103 N·m。

（7）稳定悬架。

降下车辆并使其上下弹跳几次，以稳定后悬架。

（8）完全紧固后减振器。

拧紧后减振器（下部）的紧固螺栓，如图 6-14 所示。

拧紧力矩：90 N·m。

（9）安装行李舱左侧内装饰罩。

（10）安装后地板装饰板。

（11）安装备胎罩。

（12）安装后排左侧座椅靠背总成。

（13）安装后排座椅坐垫总成。

（14）将电缆连接至蓄电池负极端子。

（15）检查后轮定位。

图 6-14 完全紧固后减振器

（16）高度控制传感器信号初始化。

（17）前照灯对光调整前的车辆准备工作。

（18）前照灯对光准备工作。

（19）前照灯对光检查。

（20）前照灯对光调整。

六、练习与思考

1. 如何正确检查减振器？根据检查结果判定其存在的故障隐患是什么。

2. 安装减振器时应注意哪些事项？

 七、实训报告

（1）成员实训报告，如表6-17所示。

表6-17　成员实训报告

姓名		班级		分组		日期	
实训项目							
实训内容							
自己评语							
老师评语							

（2）组长实训报告，如表 6-18 所示。

表 6-18　组长实训报告

姓名		班级		分组		日期	
实训项目							
实训内容							
第__组							
姓名：		姓名：		姓名：		姓名：	
是否串岗（　　）		是否串岗（　　）		是否串岗（　　）		是否串岗（　　）	
是否完成项目（　　）		是否完成项目（　　）		是否完成项目（　　）		是否完成项目（　　）	
评价：优、良、差		评价：优、良、差		评价：优、良、差		评价：优、良、差	
自己评语							
老师评语							

（3）班长实训报告，如表6-19所示。

表 6-19　班长实训报告

姓名		班级		分组		日期	
实训项目							
实训内容							

第一组组长	第二组组长	第三组组长	第四组组长
是否串岗（　　）	是否串岗（　　　）	是否串岗（　　　）	是否串岗（　　　）
是否协调成员（　　）	是否协调成员（　　　）	是否协调成员（　　　）	是否协调成员（　　　）
评价：优、良、差	评价：优、良、差	评价：优、良、差	评价：优、良、差

自己评语	
老师评语	

项目七 制动系统的拆装与检查

 一、实训目的

（1）掌握制动系统的检修方法。

（2）掌握制动系统的结构及工作原理。

（3）掌握制动系统故障对整个系统的影响。

 二、实训前准备

（1）丰田卡罗拉轿车 1 辆。

（2）鼓式和盘式制动系统总成实训台 3 台。

（3）常用工具、量具各 3 套。

（4）相关挂图或图册若干。

 三、老师讲解示范

（1）拆卸。

（2）检查。

（3）安装。

四、实训管理

（1）学生分组：每组 4~5 人。先让学生自己分组，选出 1 名组长，记录组长和成员名字，然后视情况进行适当的调整，如表 7-1 所示。

表 7-1　学生分组表

第一组	第二组	第三组	第四组
组长：	组长：	组长：	组长：
成员：	成员：	成员：	成员：

（2）组长工作：协调成员，规范学生操作并收集遇到的问题，如表7-2所示。

表7-2　学生规范操作表

第＿组			
姓名：	姓名：	姓名：	姓名：
是否串岗（　　）	是否串岗（　　）	是否串岗（　　）	是否串岗（　　）
是否完成项目（　　）	是否完成项目（　　）	是否完成项目（　　）	是否完成项目（　　）
评价：优、良、差	评价：优、良、差	评价：优、良、差	评价：优、良、差

（3）老师指导：操作现场安全检查，并提醒学生注意安全，规范学生操作及解决并收集遇到的问题。老师指导班长协助管理，如表7-3所示。

表7-3　老师指导班长协助管理表

班长：

第一组组长	第二组组长	第三组组长	第四组组长
是否串岗（　　）	是否串岗（　　）	是否串岗（　　）	是否串岗（　　）
是否协调成员（　　）	是否协调成员（　　）	是否协调成员（　　）	是否协调成员（　　）
评价：优、良、差	评价：优、良、差	评价：优、良、差	评价：优、良、差

 五、实训操作

以丰田卡罗拉制动系统为例介绍实训操作。

1. 注意事项

（1）必须正确更换每个零件，否则会影响到制动系统的性能，并可能给驾驶带来危险，应用相同的零件或等产品更换。

（2）维修制动系统时，应保持零件和维修场地的清洁，这一点非常重要。

（3）使用磁铁时必须谨慎，因为它们会影响转速传感器的性能。

（4）制动管路是与安全相关的关键件，如果发现异常，应更换新件。

（5）拆卸制动部件时，盖住制动管连接处以防止灰尘或污物等异物进入管中。

（6）拆卸或安装制动管时，不要使其损坏或变形。

（7）将密封垫安装至车身时，确保制动管穿过密封垫的中心。

（8）安装制动管或挠性软管时，确保它们没有绞扭或弯曲。

（9）如果挠性软管帽与支架上的槽口不相配，轻轻扭动软管将其插入。

（10）挠性软管不能接触到减振器油和润滑脂等。

（11）将制动管安装至塑料卡箍中时，确保制动管未松动或卡住。

（12）不要重复使用挠性软管上拆下的卡子或塑料卡箍。

（13）安装制动管和挠性软管后，确保它们不会干扰其他任何零部件。

（14）不要让制动液粘在涂漆表面上，比如车身漆面。制动液泄漏到任何涂漆表面上，应立即将其清洗干净。

（15）断开或连接挠性软管和制动管时：

①用扳手固定挠性软管，并用连接螺母扳手断开制动管，注意不要使管变形。

②拆下卡子。

③安装一个新卡子。

④用连接螺母扳手连接制动管，注意不要使管变形。

（16）连接制动管和通路时（制动系统如图7-1所示）：

①支撑通路以防制动管变形，并用连接螺母扳手将制动管连接至通路。

②支撑通路以防制动管变形，并安装螺栓以固定通路至车身。

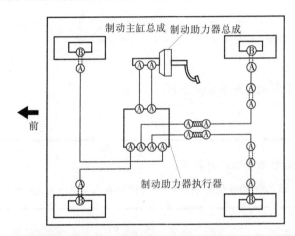

图 7-1　制动系统

2. 车上检查

检查储液罐中的制动液液位时，如果制动液液位低于 MIN 位，检查是否泄漏，并检查盘式制动器衬块。如有必要，维修或更换后重新向储液罐加注制动液。

3. 制动液的更换

注　意

如果对制动系统执行了任何操作或怀疑制动管路中有空气，应对制动系统进行排气。

（1）拆卸中间前围板上通风栅板。

①滑动发动机盖至前围上密封并脱开卡子。

②脱开 5 个卡爪并拆下中间前围板上通风栅板，如图 7-2 所示。

（2）加注制动液。

（3）对制动主缸进行排气。

①用连接螺母扳手（10 mm）从主缸上断开两个制动管路，如图7-3所示。

图7-2 拆下中间前围板上通风栅板

图7-3 断开两个制动管路

②缓慢踩下制动踏板并保持。

③用手指堵住两个孔，并松开制动踏板。

④重复步骤③4次。

⑤用连接螺母扳手（10 mm）将两个制动管路连接至主缸。

（4）对制动管路进行排气。

注意

（1）应首先对离主缸最远的车轮的制动管路进行排气。

（2）对制动系统进行排气的同时，添加制动液使储液罐的液面保持在 MIN 和 MAX 线之间。

①将塑料管连接至放气螺塞。

②踩下制动踏板数次，然后踩住制动踏板松开放气螺塞。

③制动液不再溢出时，紧固放气螺塞，然后松开制动踏板。

④重复以上两个步骤直至制动液中的气体完全排出。

⑤完全紧固放气螺塞。

⑥对每个车轮均重复上述程序，从而对制动管路进行排气。

（5）对制动器的执行器进行排气。

4. 制动踏板的拆卸

（1）拆卸上仪表板。

（2）拆卸仪表板底罩分总成。

（3）拆卸制动踏板回位弹簧。

从制动踏板支架分总成上拆下制动踏板回位弹簧，如图7-4所示。

图7-4 拆下制动踏板回位弹簧

（4）分离制动主缸推杆 U 形夹。

拆下卡子和 U 形夹销，从制动踏板分总成上分离制动主缸推杆 U 形夹。

（5）拆卸制动踏板支架分总成。

①拆下螺栓并从仪表板加强件上分离制动踏板支架分总成。

②断开制动灯开关连接器，并脱开两个卡夹。

③拆下 4 个螺栓和制动踏板支架分总成。

5．制动踏板的拆解

（1）拆卸制动灯开关总成。

（2）拆卸制动灯开关座调节器。

（3）拆卸制动踏板分总成。

①拆下螺栓和螺母。

②从制动踏板支架分总成上拆下两个制动器衬套和制动踏板分总成。

（4）拆卸制动踏板衬套，从制动踏板分总成上拆下两个制动踏板衬套。

（5）拆卸制动踏板垫。

6．制动踏板的调整

1）检查并调整制动踏板的高度

（1）检查制动踏板的高度，如图 7-5 所示。

①翻起地毯。

②测量制动踏板表面和地板之间的最短距离。

③制动踏板表面距离地板的高度：145.8~155.8 mm。

（2）调整制动踏板的高度。

①断开制动灯开关连接器。

②拆下制动灯开关总成。

③松开推杆 U 形夹锁紧螺母。

④转动推杆以调整制动踏板高度。

图 7-5　检查制动踏板的高度

⑤拧紧推杆 U 形夹锁紧螺母。

⑥将制动灯开关插入调节器固定架，直至开关壳体接触到制动踏板。

⑦调整制动灯开关。

⑧连接制动灯开关连接器。

2）检查制动踏板的自由行程

（1）关闭发动机，多次踩下踏板直至制动助力器内无真空，然后松开制动踏板。

（2）踩下踏板直至感觉到轻微的阻力，测量距离，如图 7-6 所示。

踏板自由行程：1.0~6.0 mm。

3）检查制动踏板行程的余量

（1）松开驻车制动杠杆。

（2）发动机运转时踩下制动踏板，并测量踏板行程余量，如图 7-7 所示。标准参考表 7-4。
如果行程余量不符合规定，对制动系统进行故障排除。

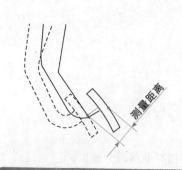

图 7-6　检查制动踏板的自由行程

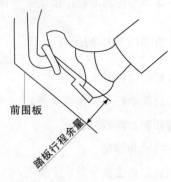

图 7-7　测量踏板行程的余量

表 7-4　自底板到踏板的行程余量　　mm

VSC	规定状态
不带 VSC	85
带 VSC	90

7. 制动踏板的重新装配

（1）安装制动踏板垫。

（2）安装制动踏板衬套。

在两个新制动踏板衬套上涂抹锂皂基乙二醇润滑脂，并将其安装至制动踏板分总成。

（3）安装制动踏板分总成。

如图 7-8 所示，用螺栓和螺母将制动踏板分总成安装至制动踏板支架分总成。

（4）安装制动灯开关座调节器。

（5）安装制动灯开关总成。

8. 制动踏板的安装

1）安装制动踏板支架分总成

（1）用 4 个螺母安装制动踏板支架分总成。

拧紧力矩：13 N·m。

（2）连接制动灯开关连接器并接合两个卡夹。

（3）用螺栓将制动踏板支架分总成安装至仪表板加强件。

拧紧力矩：24 N·m。

2）连接制动主缸推杆 U 形夹

（1）在推杆销上涂抹锂皂基乙二醇润滑脂。

（2）如图 7-9 所示，用推杆销将制动主缸推杆 U 形夹连接至制动踏板，并安装新卡子。

图 7-8　安装制动踏板分总成

图 7-9　连接制动主缸推杆 U 形夹

9. 制动主缸的拆解

（1）拆卸制动主缸储液罐加注口盖总成。

（2）拆卸制动主缸储液罐滤网。

（3）拆卸制动主缸储液罐总成。

①将制动主缸分总成安装到台虎钳上。

②用尖冲头和锤子敲出直销并拆下制动主缸储液罐总成。

（4）拆卸主缸储液罐密封垫。

从制动主缸储液罐总成拆下两个主缸储液罐密封垫。

10. 制动主缸的检查

按下述步骤检查并调整制动助力器推杆：

> **注　意**
>
> 　在制动助力器总成为非真空的状态下进行调整（发动机停止时，数次踩下制动踏板）。

（1）在附属工具的头部涂抹白垩粉。

（2）将附属工具放置在制动助力器总成上，如图 7-10 所示。

（3）测量制动助力器推杆和附属工具之间的间隙。

标准间隙：0。

（4）如果间隙不符合规定，用专用工具固定推杆并用套筒螺钉旋具（7 mm）转动推杆头部，以调整推杆长度，如图 7-11 所示。

图 7-10　放置附属工具

图 7-11　调整推杆长度

11. 制动主缸的重新装配

（1）安装主缸储液罐密封垫。

①在两个新的主缸储液罐密封垫上涂抹锂皂基乙二醇润滑脂。

②将两个主缸储液罐密封垫安装至制动主缸储液罐总成。

（2）安装制动主缸储液罐总成。

①安装新的制动主缸储液罐总成时，切开制动主缸储液罐总成离合器端部。

离合器管端部的长度：22~24 mm。

②将制动主缸储液罐总成安装至主缸体。

③将制动主缸分总成安装至台虎钳。

④用尖冲头和锤子敲入直销。

（3）安装制动主缸储液罐滤网。

（4）安装制动主缸储液罐加注口盖总成。

12. 制动主缸的安装

（1）检查并调整制动助力器推杆。

（2）安装制动主缸分总成。

①将新 O 形圈安装至制动主缸分总成。

②用两个螺母安装卡夹支架和制动主缸分总成，如图 7-12 所示。

拧紧力矩：13 N·m。

③接合两个卡夹并连接连接器。

（3）连接制动管路。

用连接螺母扳手（10 mm）将两个制动管路连接到制动主缸分总成，如图 7-13 所示。

图 7-12　安装卡夹支架和制动主缸分总成

图 7-13　连接制动管路

拧紧力矩：不使用连接螺母扳手时为 15 N·m，使用连接螺母扳手时为 14 N·m。

（4）移动卡子并连接离合器管（手动传动桥）。

（5）安装空气滤清器壳。

（6）安装空气滤清器盖分总成。

（7）安装前围上外板。

①用 10 个螺栓安装前围上外板。

②接合线束卡夹。

③弯曲右侧防水片并接合卡夹。

（8）安装风窗玻璃刮水器电动机及连杆。

（9）安装前围板左上通风栅板。

（10）安装前围板右上通风栅板。

（11）安装发动机盖至前围上侧密封。

（12）安装右前刮水器臂和刮水片总成。

（13）安装左前刮水器臂和刮水片总成。

（14）安装前刮水器臂端盖。

（15）安装气缸盖罩。

（16）对制动液储液罐进行加注。

（17）对离合器管路进行放气。

（18）对制动主缸进行放气。

（19）对制动管路进行放气。

（20）对制动执行器进行放气（带 VSC）。

（21）检查制动液是否泄漏。

（22）检查制动液液位。

13.　制动助力器

制动助力器结构及实物如图 7-14 所示。

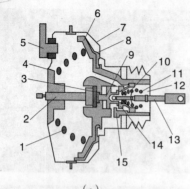
（a）

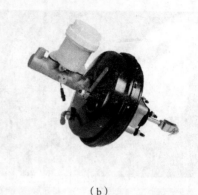
（b）

图 7-14　制动助力器结构及实物

（a）结构；（b）实物

1—膜片回位弹簧；2—制动主缸推杆；3—橡胶反作用盘；4—左外壳；5—真空单向阀；
6—气室膜片隔板；7—右外壳；8—气室膜片；9—空气阀；10—阀门弹簧；
11—助力器推杆回位弹簧；12—空气滤清器；13—助力器推杆；
14—真空阀；15—真空阀座

14.　车上检查

按下述步骤检查制动助力器总成。

1）气密性检查

（1）起动发动机并在 1~2 min 后关闭发动机，慢慢踩下制动踏板数次。

（2）发动机运转时踩下制动踏板，并在踩下制动踏板时停止发动机。

2）操作检查

（1）点火开关置于"OFF"位置时踩下制动踏板数次，检查并确认踩下踏板时踏板行程余量没有改变。

（2）踩住踏板，然后起动发动机。

15. 制动助力器的拆卸

（1）拆卸制动主缸分总成。

（2）拆卸仪表板底罩分总成。

（3）拆卸制动踏板回位弹簧。

（4）分离制动主缸推杆 U 形夹。

（5）拆卸制动主缸推杆 U 形夹。

松开锁紧螺母，从制动助力器总成上拆下制动主缸推杆 U 形夹和锁紧螺母。

（6）断开线束。

（7）拆卸带支架的制动器执行器。

（8）断开真空软管。

滑动卡子并断开真空软管。

（9）拆卸制动真空单向阀总成。

从制动助力器总成上拆下真空单向阀总成。

（10）拆卸单向阀密封垫，从制动助力器总成上拆下单向阀密封垫。

（11）分离制动管路。

①从制动管路上拆下螺栓。

②用连接螺母扳手断开4个制动管路，如图7-15所示。

③脱开5个卡夹并分离制动管路。

（12）拆卸制动助力器总成。

①从车身上拆下4个螺母和制动助力器总成。

②从制动助力器总成上拆下制动助力器衬垫。

图7-15　断开4个制动管路

16. 制动助力器的检查

检查制动器真空单向阀总成时，应检查并确认从助力器到发动机有气流通过，但从发动机到助力器无气流通过，如图7-16所示。

如果结果不符合规定，应更换制动器真空单向阀总成。

图7-16　检查制动器真空单向阀总成

17. 制动助力器的安装

（1）安装制动助力器总成。

①将新的制动助力器衬垫安装至制动助力器总成。

②用4个螺栓将制动助力器总成安装至车身。

拧紧力矩：13 N·m。

（2）安装制动管路。

用5个新卡夹将制动管路接合至车身，如图7-17所示。

（3）安装单向阀密封垫。

将新的单向阀密封垫安装至制动助力器总成。

（4）安装制动真空单向阀总成至制动助力器总成。

（5）连接真空软管。

连接真空软管并移动卡子，如图7-18所示。

（6）安装带支架的制动器执行器（不带VSC）。

（7）安装带支架的制动器执行器（带VSC）。

（8）连接线束。

（9）暂时紧固制动主缸推杆U形夹。

（10）连接制动主缸推杆U形夹。

（11）安装制动踏板回位弹簧。

（12）安装制动主缸分总成。

图7-17　接合制动管路至车身

图7-18　连接真空软管

（13）检查并调整制动踏板高度。

（14）检查制动踏板自由行程。

（15）检查制动踏板行程余量。

（16）安装仪表板底罩分总成。

18. 前轮制动器

前轮制动器零部件如图7-19所示。

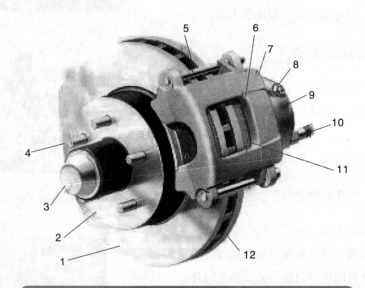

图7-19　前轮制动器零部件

1—制动盘；2—车轮法兰；3—防尘罩；4—轮毂螺栓；5—制动钳卡销；
6—观察孔；7—制动钳；8—排气口；9—制动活塞壳体；
10—制动液软管；11—制动摩擦片；12—通风孔

19. 前轮制动器的拆卸

注　意

（1）左侧和右侧应使用同样的操作。

（2）下面列出的程序适用于左侧。

（1）拆卸前轮。

（2）排净制动液。

（3）断开前挠性软管。

拆下接头螺栓和衬垫，并从前盘式制动器制动缸总成上分离前挠性软管，参见图7-18。

（4）拆卸前盘式制动器制动缸总成。

固定前盘式制动器制动缸滑销，并拆下两螺栓和前盘式制动器制动缸总成，如图7-20所示。

（5）拆下前盘式制动器衬块。

从前盘式制动缸固定架上拆下两个盘式制动器衬块。

（6）拆卸前消声垫片。

从各制动衬块上拆下4个消声垫片。

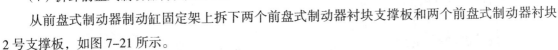

图7-20 拆卸前盘式制动器制动缸总成

（7）拆卸前盘式制动器衬块支撑板。

从前盘式制动器制动缸固定架上拆下两个前盘式制动器衬块支撑板和两个前盘式制动器衬块2号支撑板，如图7-21所示。

（8）拆卸前盘式制动器制动缸滑销。

从前盘式制动器制动缸固定架上拆下前盘式制动器制动缸滑销，如图7-22所示。

图7-21 拆卸前盘式制动器衬块支撑板

图7-22 拆卸前盘式制动器制动缸滑销

（9）拆卸前盘式制动器制动缸滑套。

用螺钉旋具从前盘式制动器制动缸滑销上拆下前盘式制动器制动缸滑套。

（10）拆卸前盘式制动器衬套防尘罩。

从前盘式制动缸固定架上拆下两个前盘式制动器衬套防尘罩，如图7-23所示。

（11）拆卸前盘式制动器制动缸固定架。

从转向节上拆下两个螺栓和前盘式制动器制动缸固定架。

（12）拆卸前制动盘。

图7-23 拆卸前盘式制动器衬套防尘罩

20. 前轮制动器的拆解

（1）拆卸制动缸防尘罩。

用螺钉旋具从前盘式制动器上拆下制动缸防尘罩定位环和制动缸防尘罩。

（2）拆卸前盘式制动器活塞。

①在活塞和前盘式制动器制动缸之间放置一块抹布。

②用压缩空气从前盘式制动器制动缸上拆下活塞。

（3）拆卸活塞密封。

用螺钉旋具从前盘式制动器制动缸上拆下活塞密封。

（4）拆卸前盘式制动器放气螺塞盖。

（5）拆卸前盘式制动器放气螺塞。

21. 前轮制动器的检查

（1）检查制动缸和活塞。

（2）检查衬块厚度，用直尺测量衬块厚度。

标准厚度：12.0 mm。

最小厚度：10.0 mm。

如果衬块厚度小于最小值，应更换盘式制动器衬块。

（3）检查前盘式制动器衬块支撑板。

（4）检查制动盘厚度，用螺旋测微器测量制动盘厚度。

标准厚度：22.0 mm。

最小厚度：19.0 mm。

如果制动盘厚度小于最小值，应更换前制动盘。

（5）检查制动盘轴向跳动。

①用专用工具固定制动盘，并用两个螺母紧固制动盘。

②检查前桥轮毂轴承的松弛度和前桥轮毂的轴向跳动。

③用百分表在距离前制动盘外缘 10 mm 的地方测量制动盘的轴向跳动。

制动盘最大轴向跳动：0.05 mm。

④拆下 3 个螺母和前制动盘。

22. 前轮制动器的重新装配

（1）暂时紧固前盘式制动器放气螺塞。

（2）安装前盘式制动器放气螺塞盖。

（3）安装活塞密封。

①在新的活塞密封上涂抹锂皂基乙二醇润滑脂。

②将活塞密封安装至前盘式制动器制动缸总成。

（4）安装前盘式制动活塞。

①在活塞和新制动缸防尘罩上涂抹锂皂基乙二醇润滑脂。

②将制动缸防尘罩安装至活塞。

③将活塞安装至盘式制动器制动缸总成。

（5）安装制动缸防尘罩。

①将制动缸防尘罩安装至盘式制动器制动缸总成，如图 7-24 所示。

图 7-24　安装制动缸防尘罩

②用螺钉旋具安装新定位环。

23. 前轮制动器的安装

（1）安装前制动盘。

对准制动盘和车桥轮毂的装配标记，安装制动盘，如图 7-25 所示。

图 7-25　安装制动盘

（2）安装前盘式制动器制动缸固定架。

用两个螺栓将前盘式制动器制动缸固定架安装至转向节。

拧紧力矩：107 N·m。

（3）安装前盘式制动器衬套防尘罩。

①在两个新的前盘式制动器衬套防尘罩上涂抹锂皂基乙二醇润滑脂。

②将两个前盘式制动器衬套防尘罩安装至前盘式制动器制动缸固定架。

（4）安装前盘式制动器制动缸滑套。

①在新的前盘式制动器制动缸滑套上涂抹锂皂基乙二醇润滑脂。

②将前盘式制动器制动缸滑套安装至前盘式制动器制动缸滑销。

（5）安装前盘式制动器制动缸滑销。

①在前盘式制动器制动缸滑销上涂抹锂皂基乙二醇润滑脂。

②将前盘式制动器制动缸滑销安装至前盘式制动器制动缸固定架。

（6）安装前盘式制动器制动缸滑销。

①在前盘式制动器制动缸滑销上涂抹锂皂基乙二醇润滑脂。

②将前盘式制动器制动缸滑销安装至前盘式制动器制动缸固定架。

（7）安装前盘式制动器衬块支撑板。

将两个前盘式制动器衬块支撑板安装至前盘式制动器制动缸固定架。

（8）安装前消声垫片，如图 7-26 所示。

①在每个 1 号消声垫片的两侧涂抹盘式制动润滑脂。

②将两个 1 号消声垫片和两个 2 号消声垫片安装至各制动衬块。

（9）安装前盘式制动器衬块。

将两个前盘式制动器衬块安装至盘式制动器制动缸固定架。

（10）安装前盘式制动器制动缸总成。

固定前盘式制动器制动缸滑销，并用两个螺栓将前盘式制动器制动缸总成安装至前盘式制动器制动缸固定架。

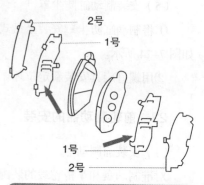

图 7-26　安装前消声垫片

拧紧力矩：34 N·m。

（11）连接前挠性软管。

用接头螺栓和新衬垫将挠性软管连接至前盘式制动器制动缸总成。

拧紧力矩：29 N·m。

（12）对制动储液罐进行加注。

（13）对制动主缸进行放气。

（14）对制动管路进行放气。

（15）对制动器执行器进行放气（带 VSC）。

（16）检查制动液是否泄漏。

（17）检查制动液液位。

（18）安装前轮。

拧紧力矩：103 N·m。

24．后轮盘式制动器的拆卸

（1）拆卸后轮。

（2）排净制动液。

（3）拆卸仪表板左下装饰板。

（4）拆卸仪表板右下装饰板。

（5）拆卸变速杆把手分总成（手动传动桥）。

（6）拆卸变速杆把手分总成（自动传动桥）。

（7）拆卸中央仪表组装饰板总成（手动传动桥）。

（8）拆卸中央仪表组装饰板总成（自动传动桥）。

（9）拆卸控制台上面板分总成。

（10）松开驻车制动器拉索。

①完全松开驻车制动杠杆。

②松开并调整锁紧螺母，以完全松开驻车制动器拉索，如

图 7-27 所示。

图 7-27 完全松开驻车制动器拉索

（11）断开 3 号驻车制动器拉索总成。

①从后盘式制动器制动缸操作杆上断开 3 号驻车制动器拉索总成，如图 7-28 所示。

②在 3 号驻车制动器拉索总成底部插入弯颈扳手（14 mm）以脱开卡子，从后盘式制动器制动缸总成上拉出 3 号驻车制动器拉索总成。

（12）分离后轮制动器挠性软管。

拆下接头螺栓和衬垫，并从后盘式制动器制动缸总成上分离后轮制动器挠性软管，如图 7-29 所示。

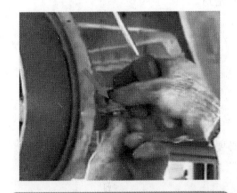

图 7-28 断开 3 号驻车制动器拉索总成

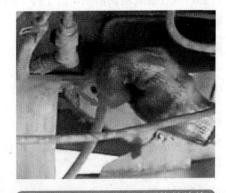

图 7-29 分离后轮制动器挠性软管

（13）拆卸后盘式制动缸总成。

固定后盘式制动器衬块导向销，并拆下两个螺栓和后盘式制动器制动缸总成。

（14）拆卸后盘式制动器衬块。

从后盘式制动器制动缸固定架上拆下两个盘式制动器衬块。

（15）拆卸后盘式制动器消声垫片。

从各制动器衬块上拆下 4 个消声垫片。

（16）拆卸后盘式制动器衬块支撑板。

从后盘式制动器制动缸固定架上拆下后盘式制动器衬块支撑板（上）和后盘式制动器衬块支撑板（下）。

（17）拆卸后盘式制动器衬块导向销。

从后盘式制动器制动缸固定架上拆下两个后盘式制动器衬块导向销。

（18）拆卸后盘式制动器衬套防尘罩。

从后盘式制动器制动缸固定架上拆下两个后盘式制动器衬套防尘罩。

（19）拆卸后盘式制动器制动缸固定架。

从车桥横梁上拆下两个螺栓和后盘式制动器制动缸固定架，如图 7-30 所示。

（20）拆卸后制动盘。

图 7-30　拆下两个螺栓和后盘式制动器制动缸固定架

25. 后轮盘式制动器的拆解

（1）拆卸后盘式制动器活塞。

用专用工具逆时针方向旋转活塞以将其拆下。

（2）拆卸制动缸防尘罩。

（3）拆卸活塞密封。

用螺钉旋具从后盘式制动器制动缸上拆下活塞密封。

（4）拆卸后盘式制动器放气螺塞盖。

（5）拆卸后盘式制动器放气螺塞。

26. 后轮盘式制动器的检查

（1）检查制动缸和活塞。

检查气缸孔和活塞是否生锈或有划痕，如有必要，应更换盘式制动器制动缸和活塞。

（2）检查衬块厚度。

用直尺测量衬块厚度。

标准厚度：9.5 mm。

最小厚度：1.0 mm。

（3）检查后盘式制动器衬块支撑板。

（4）检查制动盘厚度。

用螺旋测微器测量制动盘厚度。

标准厚度：9.0 mm。

最小厚度：7.5 mm。

如果制动盘厚度小于最小值，更换后制动盘。

（5）检查制动盘的轴向圆跳动。

①用专用工具固定制动盘，用 3 个轮毂螺母紧固制动盘，如图 7-31 所示。

拧紧力矩: 103 N·m。

②检查后桥轮毂轴承的松弛度和后桥轮毂的轴向圆跳动。

③使用百分表,在离后制动盘外边缘 10 mm 远的地方测量制动盘的轴向圆跳动,如图 7-32 所示。

制动盘最大轴向圆跳动: 0.15 mm。

④拆下 3 个螺母和制动盘。

图 7-31　紧固制动盘

图 7-32　测量制动盘的轴向圆跳动

27. 后轮盘式制动器的重新装配

(1) 暂时紧固后盘式制动器放气螺塞。

(2) 安装后盘式制动器放气螺塞盖。

(3) 安装活塞密封。

①在新的活塞密封上涂抹锂皂基乙二醇润滑脂。

②将活塞密封安装至盘式制动器制动缸总成。

(4) 安装制动缸防尘罩。

①在活塞和新制动缸防尘罩上涂抹锂皂基乙二醇润滑脂。

②将制动缸防尘罩安装至活塞。

(5) 安装后盘式制动器活塞。

①将制动缸防尘罩的密封部分牢固地安装至后盘式制动器制动缸的凹槽部分。

②用专用工具正时针方向将活塞尽量拧到底。

③用专用工具逆时针方向缓慢转动活塞,直至活塞凹槽对准制动衬块的凸出部分。

④确保将制动缸防尘罩牢固安装至盘式制动器制动缸和盘式制动器活塞的凹槽中。

28. 后轮盘式制动器的安装

(1) 安装后制动盘。

对准制动盘和车轮毂的装配标记,安装制动盘。

(2) 安装后盘式制动器制动缸固定架。

用两个螺栓将后盘式制动器制动缸固定架安装至车桥梁。

拧紧力矩：57 N·m。

（3）安装后盘式制动器衬套防尘罩。

①在两个新的后盘式制动器衬套防尘罩上涂抹锂皂基乙二醇润滑脂。

②将两个后盘式制动器衬套防尘罩安装至后盘式制动器制动缸固定架。

（4）安装后盘式制动器衬块导向销。

①在后盘式制动器衬块导向销上涂抹锂皂基乙二醇润滑脂。

②将两个后盘式制动器衬块导向销安装至后盘式制动器制动缸固定架。

（5）安装后盘式制动器衬块支撑板。

将后盘式制动器衬块支撑板（上）和后盘式制动器衬块支撑板（下）安装至后盘式制动器制动缸固定架。

（6）安装后盘式制动器衬块消声垫片。

①在两个1号消声垫片上涂抹盘式制动器润滑脂。

②将两个1号消声垫片和两个2号消声垫片安装至各制动器衬块。

（7）安装后盘式制动器衬块。

将两个后盘式制动器衬块安装至后盘式制动器制动缸固定架。

（8）安装后盘式制动器制动缸总成。

①重复使用衬块时，为抵消衬块磨损，用专用工具推动和转动活塞（左侧：逆时针方向；右侧：顺时针方向）至衬块的凸出部分正确对齐活塞凹槽的位置。

> **注意**
>
> 将制动盘放在两个制动器衬块之间，并确定活塞回位。

②固定后盘式制动器衬块导向销，并用两个新螺栓将盘式制动器制动缸安装至后盘式制动器制动缸固定架。

拧紧力矩：35 N·m。

（9）安装后轮制动器挠性软管。

用接头螺栓和新衬垫连接挠性软管。

拧紧力矩：29 N·m。

（10）连接3号驻车制动器拉索总成。

如图7-33所示，将3号驻车制动器拉索总成插入后盘式制动器制动缸总成，并将3号驻车制动器拉索卡爪接合至后盘式制动器制动缸导向装置；再将3号驻车制动器拉索末端连接至后盘式制动器制动缸操作杆。

（11）对制动液储液罐进行加注。

（12）对制动主缸进行放气。

（13）对制动管路进行放气。

（14）检查制动液液位。

图7-33 接合3号驻车制动器拉索卡爪

（15）对制动器执行器进行放气。

（16）检查制动液是否泄漏。

（17）调整驻车制动杠杆行程。

（18）检查后盘式制动器制动缸操作杆和止动器之间的间隙。

（19）安装控制台上面板分总成。

（20）安装中央仪表组装饰板总成（手动传动桥）。

（21）安装中央仪表组装饰板总成（自动传动桥）。

（22）安装变速杆把手分总成（手动传动桥）。

（23）安装变速杆把手分总成（自动传动桥）。

（24）安装仪表板左下装饰板。

（25）安装仪表板右下装饰板。

（26）安装后轮。

拧紧力矩：103 N·m。

29.后轮鼓式制动器的拆装

（1）鼓式制动器的组成如图 7-34 所示。

图 7-34　鼓式制动器的组成

1—摩擦片；2—制动轮缸；3—制动鼓；4—回位弹簧

（2）拆卸鼓式制动器。

①如图 7-35 所示，取下检测孔塞，从检测孔检查制动蹄摩擦衬片的厚度。若不合适，应更换制动蹄。

②卸下制动鼓，若难以卸下，可用金属丝将自动调整杆挑开，再用螺丝刀转动调整装置，减小制动蹄被调整装置张紧的力度，如图 7-36 所示。

③拆下回位弹簧、压紧弹簧、支承弹簧，拆下前、后制动蹄片，如图 7-37 所示。

④从制动分泵上拆下制动器油管，用容器接住制动液，如图 7-38 所示。

图 7-35　制动蹄摩擦衬块的厚度检测

图 7-36　制动鼓的拆卸

图 7-37　弹簧和制动蹄片的拆卸

图 7-38　制动器油管的拆卸

⑤拆卸并分解制动分泵，制动分泵组成的零件有：2 个皮圈、2 个活塞、2 个皮碗、1 个弹簧。

拆卸步骤：

●拆下后轮制动鼓和制动蹄，如图 7-39 所示。

●取下放气螺栓上的防尘罩。

●旋下放气螺栓。

●旋下制动油管接头锁紧螺母。

●旋下制动分泵固定螺栓。

图 7-39　拆下后轮制动鼓和制动蹄

30. 驻车制动器

驻车制动器故障症状如表 7-5 所示。

使用表 7-5 可帮助诊断故障原因，该表以递减的顺序表示故障原因的可能性，按顺序检查每个可疑部位，必要时维修或更换有故障的零件或进行调整。

表 7-5　驻车制动器故障症状

症状	可疑部件
制动器卡滞	驻车制动杠杆行程（失调）
	驻车制动拉索总成（卡住）
	后盘式制动器活塞（卡住）

31. 驻车制动系统的调整

1）检查驻车制动杠杆行程

（1）用力拉住驻车制动杠杆。

（2）松开驻车制动器锁，并将驻车制动杠杆放回到关闭位置。

（3）缓慢将驻车制动杠杆向上拉到底，并计算"咔嗒"声的次数。

驻车制动杠杆行程：200 N 时为 6~9 个槽口。

2）调整驻车制动杠杆行程

（1）拆下后地板控制台总成。

（2）完全松开驻车制动杠杆。

（3）松开锁紧螺母和调整螺母，以完全松开驻车制动器拉索。

（4）发动机停机时，完全踩下制动踏板 3~5 次。

（5）转动调整螺母，直到驻车制动杠杆行程修正至规定范围内。

驻车制动杠杆行程：200 N 时为 6~9 个槽口。

（6）紧固锁紧螺母。

拧紧力矩：6.0 N·m。

（7）操作驻车制动杠杆 3 或 4 次，并检查驻车制动杠杆行程。

（8）检查驻车制动器是否卡滞。

（9）安装后地板控制台总成。

3）检查后盘式制动器制动缸操作杆和制动器间隙

松开驻车制动杠杆，检查并确认后盘式制动器制动缸操作杆和挡块之间的间隙测量在规定范围内。

间隙：0.5 mm 或更小。

4）检查制动警告灯

操作驻车制动杠杆时，检查并确认制动警告灯亮起。

32. 驻车制动杠杆

驻车制动杠杆的结构如图 7-40 所示。

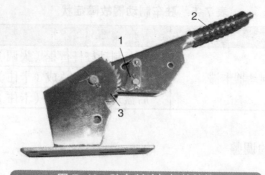

图 7-40　驻车制动杠杆的结构

1—棘爪；2—驻车制动器手柄；3—棘轮

33.　驻车制动杠杆的拆卸

（1）拆卸仪表板左下装饰板。

（2）拆卸仪表板右下装饰板。

（3）拆卸变速杆把手分总成（手动传动桥）。

（4）拆卸变速杆把手分总成（自动传动桥）。

（5）拆卸中央仪表组装饰板总成（手动传动桥）。

（6）拆卸中央仪表组装饰板总成（自动传动桥）。

（7）拆卸仪表盒总成。

（8）拆卸前地板控制台嵌入件。

（9）拆卸地板控制台上面板分总成。

（10）拆卸地板控制台毡垫。

（11）拆卸后地板控制台总成（手动传动桥）。

（12）拆卸后地板控制台总成（自动传动桥）。

（13）拆卸驻车制动杠杆总成。

①拆下锁紧螺母和调整螺母。

②断开驻车制动开关连接器，如图 7-41 所示。

③拆下两个螺栓和驻车制动杠杆总成。

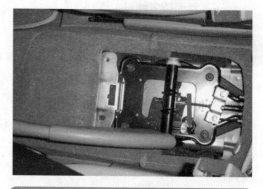

图 7-41　断开驻车制动开关连接器

34.　驻车制动杠杆的拆解

从驻车制动杠杆分总成上拆下螺钉和驻车制动开关总成。

35.　驻车制动杠杆的重新装配

用螺钉将驻车制动开关总成安装至驻车制动杠杆分总成。

拧紧力矩：0.9 N·m。

（1）安装驻车制动杠杆总成。

①使 1 号驻车制动器拉索总成穿过驻车制动杠杆总成。

②使驻车制动杠杆卡爪弯曲。

③暂时将调整螺母和锁紧螺母安装到驻车制动器拉索总成中。

④用 3 个螺栓安装驻车制动杠杆总成。

拧紧力矩：15 N·m。

⑤连接驻车制动开关连接器。

（2）调整驻车制动杠杆行程。

（3）检查制动警告灯。

（4）安装后地板控制台总成（自动传动桥）。

（5）安装后地板控制台总成（手动传动桥）。

（6）安装地板控制台毡垫。

（7）安装地板控制台上面板分总成。

（8）安装前地板控制台嵌入件。

（9）安装仪表盒总成。

（10）安装中央仪表组装饰板总成（自动传动桥）。

（11）安装中央仪表组装饰板总成（手动传动桥）。

（12）安装变速杆把手分总成（自动传动桥）。

（13）安装变速杆把手分总成（手动传动桥）。

（14）安装仪表板左下装饰板。

（15）安装仪表板右下装饰板。

 六、练习与思考

（1）更换新的制动缸时为什么需要在制动缸防尘罩上涂抹润滑脂？

（2）制动助力器有何作用？

七、实训报告

（1）成员实训报告，如表7-6所示。

表7-6　成员实训报告

姓名		班级		分组		日期	
实训项目							
实训内容							
自己评语							
老师评语							

（2）组长实训报告，如表 7-7 所示。

表 7-7　组长实训报告

姓名		班级		分组		日期	
实训项目							
实训内容							
第＿组							
姓名：		姓名：		姓名：		姓名：	
是否串岗（　　　）		是否串岗（　　　）		是否串岗（　　　）		是否串岗（　　　）	
是否完成项目（　　）		是否完成项目（　　）		是否完成项目（　　）		是否完成项目（　　）	
评价：优、良、差		评价：优、良、差		评价：优、良、差		评价：优、良、差	
自己评语							
老师评语							

（3）班长实训报告，如表 7-8 所示。

表 7-8　班长实训报告

姓名		班级		分组		日期	
实训项目							
实训内容							

第一组组长	第二组组长	第三组组长	第四组组长
是否串岗（　　）	是否串岗（　　）	是否串岗（　　）	是否串岗（　　）
是否协调成员（　　）	是否协调成员（　　）	是否协调成员（　　）	是否协调成员（　　）
评价：优、良、差	评价：优、良、差	评价：优、良、差	评价：优、良、差

自己评语	
老师评语	

项目八 轮胎动平衡检测

 一、实训目的

（1）掌握轮胎动平衡的检修方法。

（2）掌握做轮胎动平衡的条件。

（3）掌握轮胎动平衡故障对整个系统的影响。

 二、实训前准备

（1）丰田卡罗拉轿车 1 辆。

（2）轮胎动平衡检测仪 1 台。

（3）常用工具、量具各 3 套。

（4）相关挂图或图册若干。

 三、老师讲解示范

（1）拆卸。

（2）检查。

（3）安装。

 四、实训管理

（1）学生分组：每组 4~5 人。先让学生自己分组，选出 1 名组长，记录组长和成员名字，然后视情况进行适当的调整，如表 8-1 所示。

表 8-1 学生分组表

第一组	第二组	第三组	第四组
组长：	组长：	组长：	组长：
成员：	成员：	成员：	成员：

（2）组长工作：协调成员，规范学生操作并收集遇到的问题，如表8-2所示。

表8-2　学生规范操作表

第__组			
姓名：	姓名：	姓名：	姓名：
是否串岗（　　）	是否串岗（　　）	是否串岗（　　）	是否串岗（　　）
是否完成项目（　　）	是否完成项目（　　）	是否完成项目（　　）	是否完成项目（　　）
评价：优、良、差	评价：优、良、差	评价：优、良、差	评价：优、良、差

（3）老师指导：操作现场安全检查，并提醒学生注意安全，规范学生操作及解决并收集遇到的问题。老师指导班长协助管理，如表8-3所示。

表8-3　老师指导班长协助管理表

班长：

第一组组长	第二组组长	第三组组长	第四组组长
是否串岗（　　）	是否串岗（　　）	是否串岗（　　）	是否串岗（　　）
是否协调成员（　　）	是否协调成员（　　）	是否协调成员（　　）	是否协调成员（　　）
评价：优、良、差	评价：优、良、差	评价：优、良、差	评价：优、良、差

五、实训操作

1. 检查轮胎与车轮

按下述步骤检查轮胎与车轮。

（1）检查轮胎。

①检查轮胎是否磨损和充气压力是否正常，标准参考表8-4。

表8-4　轮胎充气压力　　　　kPa

轮胎尺寸	前轮胎	后轮胎
195/65R15　91H	220	220
205/55R16　91H		

②用百分表检测轮胎的径向圆跳动。

轮胎径向圆跳动：1.4 mm 或更小。

（2）轮胎换位，按图8-1所示的顺序对轮胎进行换位。

（3）检查并调整车轮平衡情况，如图8-2所示。

调整后的不平衡度：8.0 g 或更小。

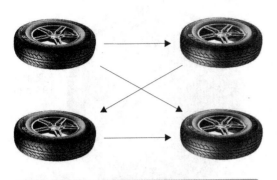

图 8-1　轮胎换位

图 8-2　检查车轮平衡情况

注　意

（1）用去垢剂清除配重粘贴表面上的污垢、机油和水。

（2）内侧平衡配重应该用卡子安装到轮辋上。

（4）检查前桥轮毂轴承松弛度。

（5）检查后桥轮毂轴承松弛度。

（6）检查前桥轮毂径向圆跳动。

（7）检查后桥轮毂径向圆跳动。

2. 轮胎动平衡检测仪的使用

轮胎动平衡检测仪如图 8-3 所示。

（1）清除被测车轮上的泥土、石子和旧平衡块。

（2）检查轮胎气压，必要时应充至规定值。

（3）根据轮辋中心孔的大小选择锥体，如图 8-4 所示。仔细装上车轮，用大螺距螺母上紧。

图 8-3　轮胎动平衡检测仪

图 8-4　不同类型的定位锥体

（4）打开电源开关，检查指示与控制装置的面板是否指示正确。

（5）用卡尺测量轮辋宽度 b、轮辋直径 d（也可由轮胎动平衡检测仪读出），用平衡机上的标尺测量轮辋边缘至机箱的距离 a，再用键入或选择器旋钮对准测量值的方法，将 a、b、d 值输入指示与控制装置中。为了适应不同的计量制式，平衡机上的所有标尺都同时标有英制和公制刻度，如图 8-5 所示。

轮胎的宽度
195 mm

轮辋直径
381 mm
（15 in）

图 8-5　用卡钳测量轮辋直径

（6）放下车轮防护罩，按下起动键，车轮旋转，平衡测试开始，微机自动采集数据。

（7）车轮自动停转或听到"笛"声按下停止键并操纵制动装置使车轮停转后，从指示装置读取车轮内、外不平衡量和不平衡位置。

（8）抬起车轮防护罩，用手按箭头方向慢慢转动车轮，当指示装置出现两相对箭头时停止转动。在轮辋的内侧或外侧的上部（时钟 12 点位置）加装指示装置显示的该侧平衡块质量。内、外侧要分别进行，平衡块装卡要牢固，如图 8-6 所示。

（9）无卷边可夹的铝镁合金轮辋，其外弯面用不干胶粘贴于轮辋内表面，如图 8-7 所示。

图 8-6　卡夹式配重

图 8-7　粘贴式配重

（10）安装平衡块后有可能产生新的不平衡，应重新进行平衡试验，直至不平衡量 <5 g（过分苛求车轮平衡机的精度和灵敏度并无太大的实际意义），指示装置显示 "00" 或 "OK" 时才能满意。当不平衡量相差 10 g 左右时，如能沿轮辋边缘左右移动平衡块一定角度，将可获得满意的效果。

（11）测试结束，关闭电源开关，取下车轮总成。

 六、练习与思考

（1）如果轮胎磨损不一致，是否可以进行轮胎换位？

（2）汽车行驶在公路上出现方向跑偏，是什么原因？

七、实训报告

（1）成员实训报告，如表 8-5 所示。

表 8-5　成员实训报告

姓名		班级		分组		日期	
实训项目							
实训内容							
自己评语							
老师评语							

（2）组长实训报告，如表8-6所示。

表 8-6　组长实训报告

姓名		班级		分组		日期	
实训项目							
实训内容							
第__组							
姓名：		姓名：		姓名：		姓名：	
是否串岗（　　）		是否串岗（　　）		是否串岗（　　）		是否串岗（　　）	
是否完成项目（　　）		是否完成项目（　　）		是否完成项目（　　）		是否完成项目（　　）	
评价：优、良、差		评价：优、良、差		评价：优、良、差		评价：优、良、差	
自己评语							
老师评语							

（3）班长实训报告，如表 8-7 所示。

表 8-7　班长实训报告

姓名		班级		分组		日期	
实训项目							
实训内容							
第一组组长		第二组组长		第三组组长		第四组组长	
是否串岗（　　）		是否串岗（　　　）		是否串岗（　　　）		是否串岗（　　　）	
是否协调成员（　　）		是否协调成员（　　　）		是否协调成员（　　　）		是否协调成员（　　　　）	
评价：优、良、差		评价：优、良、差		评价：优、良、差		评价：优、良、差	
自己评语							
老师评语							

项目九　车架的检修

（1）掌握车架的检修方法。

（2）掌握车架的结构。

（3）掌握车架故障对整个系统的影响。

二、实训前准备

（1）丰田卡罗拉轿车1辆。

（2）承载和非承载车身及车架式实训台各1台。

（3）常用工具、量具各3套。

（4）相关挂图或图册若干。

三、老师讲解示范

（1）拆卸。

（2）检查。

（3）安装。

四、实训管理

（1）学生分组：每组4~5人，先让学生自己分组，选出1名组长，记录组长和成员名字，然后视情况进行适当的调整，如表9-1所示。

表9-1　学生分组表

第一组	第二组	第三组	第四组
组长：	组长：	组长：	组长：
成员：	成员：	成员：	成员：

（2）组长工作：协调成员，规范学生操作并收集遇到的问题，如表9-2所示。

表 9-2　学生规范操作表

第 __ 组			
姓名：	姓名：	姓名：	姓名：
是否串岗（　　）	是否串岗（　　）	是否串岗（　　）	是否串岗（　　）
是否完成项目（　　）	是否完成项目（　　）	是否完成项目（　　）	是否完成项目（　　）
评价：优、良、差	评价：优、良、差	评价：优、良、差	评价：优、良、差

（3）老师指导：操作现场安全检查，并提醒学生注意安全，规范学生操作及解决并收集遇到的问题。老师指导班长协助管理，如表 9-3 所示。

表 9-3　老师指导班长协助管理表

班长：

第一组组长	第二组组长	第三组组长	第四组组长
是否串岗（　　）	是否串岗（　　）	是否串岗（　　）	是否串岗（　　）
是否协调成员（　　）	是否协调成员（　　）	是否协调成员（　　）	是否协调成员（　　）
评价：优、良、差	评价：优、良、差	评价：优、良、差	评价：优、良、差

五、实训操作

1. 车架故障形式认识

1）变形

变形包括弯曲变形和扭转变形。由于车架是装配基体，承受各种载荷的作用。

2）裂纹

裂纹常出现在应力集中的地方。

3）锈蚀

锈蚀出现在恶劣的工作环境下。

4）螺栓、铆钉松动

由于受到冲击和振动，螺栓、铆钉松动。

2. 外观检查

从外观上检查车架是否有严重的变形、裂纹、锈蚀、螺栓或铆钉松动等现象。

3. 车架变形的检修

车架若产生较大的弯曲和扭转变形，用肉眼可以看出；当变形较小时，常采用专用的底盘校正器检查或拉线法配以 90° 角尺、钢尺等量具来检验。

1）车架扭转的检修

车架扭转通常通过测量对角线法加以判别，如图 9-1 所示。

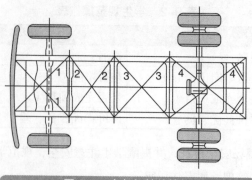

图 9-1　车架扭转的检修

选择车架上平面较大的平整部位作为基准平面，在钢板弹簧固定支架销承孔轴线与车架侧面左右等距离的对称点，引出四个在基准面上的投影点，测出四点间对角线的长度差即可。车架各段对角线 1—1、2—2、3—3、4—4 的长度差允许不超过 5 mm。

2）车架弯曲的检修

一般纵梁平面直线度允许误差为 1 000 mm 长度上不大于 3 mm。经过检测，若发现车架各项形位误差超过允许值，则应进行校正。当车架总成情况良好，只是局部产生不大的变形时，可用移动式液压机或专用工具进行冷校。若冷校不能修复，可局部加热，但温度不宜超过 700 ℃，校正后要缓慢冷却。对变形较大的，可采用局部加热法校正。如果变形较严重，可拆散校正后重新焊接或铆合，或作报废处理。

4. 铆接松动的检修

用敲击法判断是否松动。

5. 裂纹的检修

车架出现裂纹时，应根据裂纹的长短及所在部位的不同，采用不同的方法进行修复。

1）短裂纹的焊修

裂纹较短且受力不大的部位，可直接进行焊接修复。焊前应在裂纹的两端钻止裂孔，并沿裂缝开 V 形坡口。

2）长裂纹的焊修

若裂纹较长但未扩展到整个端面，且在受力不大的部位，应先将裂纹按技术要求焊好并修平，然后用三角形覆板进行加强，如图 9-2 所示。也可以按椭圆形、三角形、菱形或矩形将车架纵梁裂纹部位切除，并按照相同的形状和尺寸制成覆板，嵌入切除部位，用焊条电弧焊将正反面焊牢。

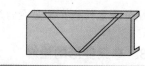

图 9-2　三角形加强覆板

当裂纹已扩展到整个断面，或虽未达到整个断面但在受力较大的部位时，应先对裂纹进行焊接，然后用三角形或槽形覆板对纵梁翼面及覆面同时进行加强（覆板两端应做成逐渐减小的斜角形），如图 9-3 所示。

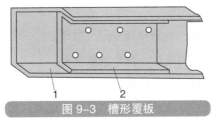

图 9-3　槽形覆板

1—纵梁；2—加强覆板

6. 大梁校正仪安全操作规程

（1）进入工作区要穿戴好工作服、手套；不准穿拖鞋、凉鞋进入。

（2）操作前检查。

①设备操作前应清理场地，平台及周边不能堆放杂物，整理油、气管路，防止操作时挤压管路。

②检查油、气管路各接头是否连接好，管路是否有破损，如有破损要及时更换，严禁再用。

③检查塔柱滚动滑轮固定螺栓是否松动，如松动必须及时拧紧，以免塔柱滑落造成人员、物品损伤，如图 9-4 所示。

（3）上下车辆操作规程。

①汽车校正平台升降时设备附件严禁站人，车辆上下时必须有人在旁边指导，车辆应停靠在平台指定位置。

②平台升降时应操作平稳，平台轮腿油缸无节流阀时，严禁全开油泵泄压阀。

③起降平台时，塔柱固定在平台另一端，防止滑动。

④车辆在平台上要拉紧驻车制动，轮胎前后用三脚木垫好。

⑤大梁校正仪平台活动支腿锁止销在平台升起后必须锁死，如图 9-5 所示。

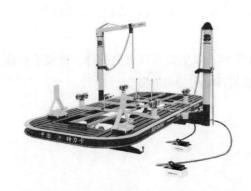

图 9-4　检查塔柱滚动滑轮固定螺栓

图 9-5　拉紧驻车制动

（4）车辆固定操作规程。

①夹具夹紧前检查钳口，应无油污、杂物。

②检查夹具各部位是否有变形、裂纹，如有，必须更换，防止受力后断裂飞出伤人。

③主夹具固定螺栓、钳口紧固螺栓要完全拧紧。

（5）测量操作规程。

①量具应轻拿轻放，切勿碰撞，以防量具变形、损坏。

②测量读数时，眼睛与读数部位平行，减小读数误差。

③测量完毕，量具应马上放回工具车原处。

④量具固定、连接螺丝松动后，重新拧紧时不要用力过大，如图9-6所示。

图9-6　测量操作规程

（6）拉伸操作规程。

①拉伸操作前，检查链条、钣金工具、拉环是否完整，没有破损、裂口、大划伤方可使用。

②拉伸时塔柱紧固螺栓要拧紧，导向环高度不能超过警戒红线。

③检查链条、锁紧机构，链条不能扭曲，所有链节在一条直线上；导向环手轮拧开。

④拉伸时注意拉伸力不要超过工具额定载荷。

⑤拉伸时不要敲击钣金工具及链条。

⑥拉伸时，相关人员不要与链条受力方向在同一条直线上。

⑦当拉伸力比较大时，应在拉力方向相反一侧用链条将车辆固定在平台上。

（7）汽车校正设备使用完毕后，清理场地，钣金工具、量具、夹具等物品，要擦拭干净后整齐有序地放在工具车上。

（8）部件损坏、液压系统故障，禁止自行打开维修，以免损坏或丢失配件，造成不可修复；禁止私自调整油泵溢流阀。大梁校正仪出现故障时必须及时向公司汇报。

六、练习与思考

（1）车架出现损伤对整个车身有何影响？

（2）日常检查中主要对车架哪些部位做重点检查？

七、实训报告

（1）成员实训报告，如表9-4所示。

表9-4　成员实训报告

姓名		班级		分组		日期	
实训项目							
实训内容							
自己评语							
老师评语							

（2）组长实训报告，如表 9-5 所示。

表 9-5　组长实训报告

姓名		班级		分组		日期	
实训项目							
实训内容							
第＿组							
姓名：	姓名：		姓名：		姓名：		
是否串岗（　　）	是否串岗（　　）		是否串岗（　　）		是否串岗（　　）		
是否完成项目（　　）	是否完成项目（　　）		是否完成项目（　　）		是否完成项目（　　）		
评价：优、良、差	评价：优、良、差		评价：优、良、差		评价：优、良、差		
自己评语							
老师评语							

（3）班长实训报告，如表 9-6 所示。

表 9-6 班长实训报告

姓名		班级		分组		日期	
实训项目							
实训内容							

第一组组长	第二组组长	第三组组长	第四组组长
是否串岗（　　）	是否串岗（　　）	是否串岗（　　）	是否串岗（　　）
是否协调成员（　　）	是否协调成员（　　）	是否协调成员（　　）	是否协调成员（　　）
评价：优、良、差	评价：优、良、差	评价：优、良、差	评价：优、良、差

自己评语	
老师评语